IM ANFANG SCHUF GOTT HIMMEL UND ERDE

Mitten im Tagwerk vor Gott

Gebete über den Wochensprüchen,
Bilder, Psalmen und Lieder zum Kirchenjahr

Verlagswerk der Diakonie GmbH Stuttgart

Verlagswerk der Diakonie GmbH Stuttgart
Kniebisstraße 29, 7000 Stuttgart 1
1985
ISBN 3-923110-22-7

Konzeption, Texte, Gestaltung
Albrecht Arnold, Pfarrer Werner Knoch, Erich Stotz
in Zusammenarbeit mit Fritz Keppler

»Mitten im Tagwerk vor Gott«
entstand als Dankesgabe zum
zehnjährigen Bestehen der
Grafischen Werkstätte
der Gustav Werner Stiftung zum Bruderhaus
Arbeits- und Beschäftigungstherapie
7410 Reutlingen
Gustav-Werner-Straße 5

In ›Stift Urach‹, dem Einkehrhaus der Evangelischen Landeskirche in Württemberg, sollen nach der Ordnung des Hauses »Glieder der Gemeinden ermutigt und angeleitet werden zu einem Leben in der Nachfolge Christi.«

Dort sind die in diesem Band vorgelegten Gebete entstanden. Mitarbeiter und Gäste versammeln sich zum Gebet am Mittag in der Hauskapelle, halten im Tageslauf inne, hören und bedenken den Wochenspruch, schweigen und warten, daß Gott redet.

Zum Begegnen mit Gott gehört das Schweigen: »Seid stille und erkennt, daß ich Gott bin.« Dem schweigenden Beten und dem betenden Schweigen folgt das Lob der Lippen, die für im Schweigen Empfangenes danken.

Redende Lippen und tätige Hände brauchen Minuten des Schweigens und Augenblicke der Ruhe, Einkehr mitten im Tagwerk, Erinnerung an die Quelle des Lebens, Besinnung auf das Ziel, Ermutigung zum Weitergehen, Stärkung für den nächsten Schritt.

Im Ruhen, Hören, Schweigen und Beten erfahren wir, was auch für den diakonisch Tätigen gilt: »Die Hände, die zum Beten ruhn, die macht er stark zur Tat« (Jochen Klepper).

Möge dieses Buch helfen, daß Gott die Mitte unseres Denkens, Redens und Handelns bleibt.

Pfarrer Karl Heinz Neukamm

Präsident des Diakonischen Werkes der Evangelischen Kirche in Deutschland

1. Woche im Advent

»Der kommende Herr«

Wochenspruch
Siehe, dein König kommt zu dir,
ein Gerechter und ein Helfer. Sacharja 9,9

Wochengebet
Herr, dein Ruf öffnet mir die Augen:
Du zeigst mir, daß du kommst.
Es ist gut, daß du rufst.
Denn so vieles nimmt mich in Anspruch:
Stimmen – Eindrücke – Nachrichten – Sorgen . . .

Aufgaben nehmen mich in Anspruch und Menschen.
Darüber vergesse ich dich so oft.

Du aber bist König. Dir gehört der erste Platz.
Und dennoch wartest du nicht,
bis wir uns selber auf den Weg machen.
Du kommst!
Denn du willst bei uns sein,
du willst uns helfen.
Du willst bei uns sein
und alles zurechtbringen.

Mitten unter den Sorgen und Aufgaben
willst du bei uns sein,
mitten unter den vielen Menschen.
Du hilfst.

Darum bitten wir dich in der Stille
für Menschen, die auf Hilfe warten . . .

Christus, unser Helfer!
Wir danken dir für deine Liebe.
Wir danken dir, daß du uns nicht allein läßt.
Hosianna! Wir loben dich. Amen.

Wochenpsalm Psalm 24

Wochenlieder
Nun komm, der Heiden Heiland 1
Die Nacht ist vorgedrungen 14

Macht hoch die Tür 6
Auf, auf ihr Reichsgenossen 8

2. Woche im Advent

»Der kommende Erlöser«

Wochenspruch
Christus spricht:
Seht auf und erhebt eure Häupter,
weil sich eure Erlösung naht. Lukas 21,28

Wochengebet
»Sehet auf!« rufst du uns zu,
du, unser Erlöser.
Dein Ruf kommt zu uns wie die wärmende Sonne:
Du machst, daß wir aufblicken,
daß wir nicht mit gebeugtem Rücken
weitertrotten wie ein Zug Gefangener.
Du richtest uns auf.
Wir danken dir.

Und weil es dein Ruf ist, der uns mitnimmt,
brauchen wir uns nicht verstecken.
Erhobenen Hauptes sind wir unterwegs
und voller Freude.
Denn du machst aus uns Menschen,
die Zukunft haben und Hoffnung,
Menschen, die als Erlöste in die Freiheit gehen.

Christus, Herr, wir folgen dir.
Hilf, daß wir andere gewinnen
für diesen Weg mit dir.
Wir bitten dich für sie in der Stille . . .

O Jesus, breite du deine Freude weiter aus
und immer weiter.
Vollende uns und die ganze Welt in deinem Licht.
Wir beten dich an, du unser Erlöser. Amen.

Wochenpsalm
Psalm 80, 2–7. 15–20 oder Lobgesang des Zacharias

Wochenlied
Ihr lieben Christen, freut euch nun 3

O Heiland, reiß die Himmel auf 5
Wie soll ich dich empfangen 10
Wir warten dein, o Gottessohn 123

3. Woche im Advent

»Der Vorläufer des Herrn«

Wochenspruch
Bereitet dem Herrn den Weg; denn siehe,
der Herr kommt gewaltig! Jesaja 40, 3.10

Wochengebet
Herr, du willst kommen
und die Herrschaft in deine Hand nehmen:
In jedem Menschen
willst du das entscheidende Wort haben
und in jedem Haus;
regieren willst du in jedem Land.
Du willst kommen mit deiner Macht.

Und wir, was wollen wir?
Wege und Straßen haben wir genug.
Aber wozu dienen sie uns?
Nützen wir sie nur, um fortzukommen,
oder auch, um einander näher zu kommen?
Räumen wir dir Wege ein,
auf denen du uns begegnest?

Herr, wenn wir dich vor Augen haben, erkennen wir,
wieviel Hindernisse wir aufrichten:
Wir haben so viel vor, was wir tun wollen;
wir bauen Mauern auf aus Mißtrauen,
Gräben reißen wir auf aus Angst.
Herr, der Weg will uns nicht gelingen.
Du mußt kommen.
Du bist ja selber der Weg.
Nimm uns mit zum Vater.
Führe uns hin zu den Schwestern und Brüdern.
Wir beten für sie in der Stille . . .

Komm, Herr,
zeige deine Stärke, überwinde die Mauern,
vollende du selbst alle Wege. Amen.

Wochenpsalm
Psalm 85 oder Lobgesang des Zacharias

Wochenlied
Mit Ernst, o Menschenkinder 9

4. Woche im Advent

»Die nahende Freude«

Wochenspruch
Freuet euch in dem Herrn allewege,
und abermals sage ich: Freuet euch!
Der Herr ist nahe! Philipper 4,4.5 b

Wochengebet
Christus, du Licht im Dunkel!
Deine Boten rufen uns zu: »Freuet euch!«

Aber wie können wir uns freuen?
Wir sind müde – erschöpft –
innerlich oft ganz leer.

Wie können wir uns freuen? Wir wissen von
vielen Menschen, die gelähmt sind von Trauer,
gequält von Schmerzen;
sie leiden Unrecht, hausen im Elend,
schreien nach Brot . . .

Wie können wir uns freuen?
Aus uns kommt die Freude nicht.

Aber du, Herr, bist nahe:
Du bist nahe bei denen im Dunkel,
nahe bei denen im Schatten des Todes;
du bist nahe bei denen, die leere Hände haben
und ein offenes Herz.
Du bist nahe und bringst Freude;
und deine Freude überwindet das Dunkel,
weil du das Licht bist.
In der Stille bringen wir Menschen vor dich,
die es schwer haben . . .

Herr, komm nah zu ihnen und zu uns.
Komm immer näher und vollende die Welt
zur Freude, die nie vergeht. Amen.

Wochenpsalm
Psalm 102,17–23 oder Lobgesang der Maria

Wochenlied
Nun jauchzet, all ihr Frommen 7

Mein Seel, o Herr, muß loben dich 200
(kann auch nach Lied 5 gesungen werden)
Es kommt ein Schiff, geladen 4

SCHMEIER
Kougalis
OKTAY ALI
O. Zerweck
GEIGER
E.Kieninger
G. FIERRO

WOCHE DES CHRISTFESTES

»Das Kind in der Krippe – Menschwerdung Gottes«

Wochenspruch
Das Wort ward Fleisch und wohnte unter uns,
und wir sahen seine Herrlichkeit. Johannes 1,14

Wochengebet
Herr Jesus Christus, du ewiges Wort!
In dir redet der mit uns, der alles erschaffen hat:
Die Weite des Weltraums
und die kleinsten Bausteine der Materie.
In dir redet der Vater mit uns Menschen.
Er würdigt uns, wir sind ihm nicht zu wenig.

Du ewiges Wort, Wort des Vaters bist du
und Brücke zu unseren Herzen.
Du gibst der Liebe greifbare Gestalt:
Du wirst Fleisch, du Kind in der Krippe,
wirst einer von uns.
Wir können dich fassen, können dich
in die Hand nehmen und deine Gegenwart spüren.

Du wohnst unter uns:
als Bruder – als Nachbar – als Freund.
Du wohnst unter uns als Sklave, der alle Lasten schleppt,
der den Kopf hinhält für andere.

Du wohnst unter uns
und öffnest uns die Augen für deine Herrlichkeit:
Gott selber ist bei uns.
Kein Mensch soll verloren sein und vergessen.
Wir beten in der Stille für die,
die in unserer Nähe wohnen . . .

Herr, zeige ihnen und uns deine Herrlichkeit,
die größer ist als alles.
Zeige uns deine Liebe, die nie vergeht. Amen.

Wochenpsalm
Psalm 96 oder 1. Timotheus 3,16

Wochenlied
Gelobet seist du, Jesu Christ 15

Fröhlich soll mein Herze springen 27
Ich steh an deiner Krippen hier 28
Wir singen dir, Immanuel 30

Abraham

Jahreswechsel

»Der Weg mit Gott«

Leitwort
Alles, was ihr tut mit Worten oder mit Werken,
das tut alles im Namen des Herrn Jesus
und dankt Gott, dem Vater, durch ihn. Kolosser 3,17

Segensgebet
Herr, sei vor mir,
um mir den rechten Weg zu zeigen.

Herr, sei neben mir,
um mich in die Arme zu schließen,
um mich zu schützen in Gefahren.

Herr, sei hinter mir,
um mich zu bewahren
vor der Heimtücke des Bösen.

Herr, sei unter mir,
um mich aufzufangen, wenn ich falle.

Herr, sei in mir,
um mich zu trösten, wenn ich traurig bin.

Herr, umgib mich wie eine schützende Mauer,
um mich zu verteidigen,
wenn andere über mich herfallen.

Herr, sei über mir,
um mich zu segnen.

Du bist der Erste,
und bist der Letzte,
und du bist der Lebendige.

Sei mit mir an jedem Tag
und vollende dein Werk an mir
in Ewigkeit. Amen.

(Nach einem Gebet Patricks,
des Apostels von Irland, gest. 461 –
Vgl. L. Hoefer, »Zu jeder Stunde«, S. 275,
Kreuz-Verlag Stuttgart 1983).

Psalmen
Psalm 121 oder Psalm 8

Lieder
Der du die Zeit in Händen hast 45
Freut euch, ihr lieben Christen all 40

WOCHE DES ERSCHEINUNGSFESTES

»Die Herrlichkeit Christi«

Wochenspruch
Die Finsternis vergeht,
und das wahre Licht scheint jetzt. 1. Johannes 2,8b

Wochengebet
Herr, dein Wort ruft uns zu:
Die Finsternis vergeht!
Die Finsternis, die uns umgeben kann
wie ein dichter Nebel:
dann sehen wir den nächsten Schritt nicht mehr,
dann erkennen wir kein Ziel.
Ständig bewegen wir uns im Kreis,
wenn Finsternis uns umgibt.
Und von den anderen Menschen trennt uns das Dunkel,
sogar von denen, die uns nahe sind.
Hilflos macht uns die Finsternis,
einsam und voller Angst.

Aber du, Christus, bist das Licht, das jetzt scheint.
Du, Christus, hilfst uns heraus.
Dein Rufen macht, daß die Finsternis vergeht.
Der nächste Schritt wird hell,
wenn du uns vorangehst;
du zeigst uns das Ziel.
Du machst, daß unser Weg vorwärts führt,
mit dir finden wir zum Bruder und zum Vater.

Wir beten in der Stille für die,
die mit uns auf dem Wege sind . . .

Jesus, Licht der Welt,
leuchte allen Menschen
und führe uns aus dem Dunkel in das Licht,
das nie mehr vergeht. Amen.

Wochenpsalm
Psalm 72, 1–3. 10–19 oder Psalm 86,6 ff. in Auswahl

Wochenlied
Du höchstes Licht 337,1–5

O König aller Ehren 49
Also liebt Gott die arge Welt 35
Wie schön leuchtet der Morgenstern 48

1. WOCHE NACH DEM ERSCHEINUNGSFEST

»Taufe Jesu«

Wochenspruch
Welche der Geist Gottes treibt,
die sind Gottes Kinder. Römer 8,14

Wochengebet
Christus, dich treibt Gottes Geist.
Gottes lieber Sohn bist du;
an dir hat Gott Wohlgefallen.
Du gehörst ganz zum Vater.

Doch deine Liebe drängt dich,
daß du dich ganz hinunterstellst zu uns Menschen:
– hinunter in unsere Einsamkeit;
– hinunter in unsere Leiden;
– hinunter in unsere Schuld.
Du stellst dich zu uns.
So kommt Gottes Geist auch über uns:
– Gottes Geist, der Leben schafft aus dem Dunkel;
– Gottes Geist, der Liebe weckt;
– Gottes Geist, der zum Gehorsam hilft.

Es ist auch dein Geist, o Christus:
Er lenkt unsere Gedanken,
erfüllt unsere Herzen, stärkt unseren Mut.

Der heilige Geist macht uns gewiß,
daß wir Gottes Kinder sind,
weil du unser Bruder bist.
Der heilige Geist öffnet uns die Augen
für die vielen Menschen,
die zu Brüdern und Schwestern werden für uns.
Wir beten für sie in der Stille . . .

Heiliger Geist, treibe uns, daß wir Grenzen überwinden
und auf dem Weg bleiben zum Vater.
Heiliger Geist, laß uns leben als Kinder Gottes. Amen.

Wochenpsalm
Psalm 89 in Auswahl oder Psalm 25

Wochenlieder
O süßer Herre Jesu Christ 47
Du höchstes Licht 337, 1–5

Freut euch, ihr Christen alle 102

2. Woche nach dem Erscheinungsfest

»Der Freudenmeister«

Wochenspruch
Das Gesetz ist durch Mose gegeben;
die Gnade und Wahrheit ist durch Jesus Christus
geworden. Johannes 1,17

Wochengebet
Großer Gott, du Herr aller Menschen!
Deine Gebote hast du uns gegeben,
denn du willst Bosheit und Unrecht abwehren von uns.

Wir danken dir für den Schutz,
den dein gutes Gesetz gibt.

Viel mehr aber danken wir dir dafür,
daß du mit uns nicht stehen bleibst beim Gesetz,
an dem wir so oft schuldig werden.
Du bleibst mit uns nicht stehen,
sondern du gehst weiter mit uns;
du stellst uns deinen Sohn zur Seite.
Und er, Jesus Christus,
bringt Gnade und Wahrheit mit sich.
Er zeigt uns die Wahrheit,
daß nicht wir, sondern allein er
deinen Willen ungeteilt erfüllt.
Und das ist deine Gnade,
daß er, der Sohn, seinen Gehorsam
an uns verschenkt.
Nicht mehr Schuldner sind wir,
sondern Beschenkte.

In der Stille beten wir für Menschen,
die leiden unter den Forderungen des Gesetzes . . .

Gütiger Vater,
laß sie und uns leben von deiner Gnade,
die du durch Christus schenkst. Amen.

Wochenpsalm
Psalm 105, 1–8 oder Psalm 97

Wochenlieder
Gottes Sohn ist kommen 2
In dir ist Freude 288

Such, wer da will 249

3. Woche nach dem Erscheinungsfest

»Der Heiden Heiland«

Wochenspruch
Christus spricht: Es werden kommen von Osten
und von Westen, von Norden und von Süden,
die zu Tische sitzen werden im Reich Gottes.
Lukas 13,29

Wochengebet
Jesus Christus, du Heiland aller Menschen!
Dein Blick reicht in die Weite.
Du siehst Menschen kommen, viele Menschen.
Sie kommen aus allen Himmelsrichtungen:

Menschen aus dem Osten
bringen ihre tiefen Gedanken mit;
Menschen aus dem Westen
tragen ihren kühlen Verstand in sich;
reiche Menschen aus dem Norden
und Hungrige aus dem Süden sind darunter.
Sie alle kommen zu dem einen Ziel,
sie alle kommen und feiern am festlichen Tisch,
den du selber für alle deckst.
Nicht *einen* will deine Liebe ausschließen.
Auch für uns hältst du einen Platz bereit
an deinem Tisch, bei Brot und Wein und Lobgesängen.

Christus, wir danken dir,
daß du selber den Tisch bereitest.
Wecke in uns die Freude, die so stark ist,
daß andere dadurch zu dir hingezogen werden.

Wir beten in der Stille für die,
die wir einladen wollen zu deinem Fest . . .

Lebendiger Herr,
hole sie und uns und alle Menschen
aus dem Dunkel in dein Licht. Amen.

Wochenpsalm
Psalm 86, 1–11 oder Psalm 100

Wochenlied
Lobt Gott, den Herrn, ihr Heiden all 189

O Herr, verleih 165,3

4. Woche nach dem Erscheinungsfest

»Der Herr der Naturmächte«

Wochenspruch
Kommet her und sehet an die Werke Gottes,
der so wunderbar ist in seinem Tun
an den Menschenkindern. Psalm 66,5

Wochengebet
Allmächtiger Gott! Groß bist du in deinen Taten:
Das kleine Volk Israel hast du gerufen und geführt.
Wunder über Wunder hast du getan,
um Israel zu erhalten.
Du liebst dein Volk bis heute.

Dein größtes Wunder aber, du erbarmender Gott,
ist, daß deine Liebe jedem Menschen gilt.
Du schickst deinen Sohn, den Retter, für alle:
Er sucht die Irrenden.
Er stillt die tobenden Wellen
und besiegt unsere Angst.
Er nimmt dem Tode die Macht,
damit unser Weg nicht zu Ende ist im Grab.
Er vollendet alles.
Christus hält uns mit seiner Hand.
Er ist stärker als alles, was uns schreckt.

Aber Herr,
wie oft sehen unsere Augen deine Taten nicht
und nehmen deine Wunder nicht wahr!

Deshalb läßt du uns heute zurufen:
Kommt her und seht! Kommt her und seht!

Starker Gott, in der Stille beten wir für uns
und für solche Menschen, die darunter leiden,
daß sie deine Taten und Wunder nicht sehen. . .

Herr, wir schreien zu dir: Erbarme dich!
Ich glaube, Herr, hilf meinem Unglauben. Amen.

Wochenpsalm
Psalm 107,1–2. 23–32 oder Psalm 66

Wochenlieder
Wach auf, wach auf 204
Such, wer da will 249

5. Woche nach dem Erscheinungsfest

»Der Herr der Geschichte«

Wochenspruch
Der Herr wird ans Licht bringen,
was im Finstern verborgen ist,
und wird das Trachten der Herzen offenbar machen.
1. Korinther 4,5

Wochengebet
Auferstandener Christus,
dich hält kein Grab mehr fest.
Keine Grenzen können dich hemmen.
Was für uns im Dunkel verborgen ist,
steht vor dir im Licht.
Kein Mensch kann wissen, was die Zukunft bringt;
du aber weißt alles.
Auch die Regungen, die ganz in der Tiefe
unseres Herzens wirken, sind dir bekannt.

Ja, Herr, du kennst uns bis auf den Grund.
So befreist du uns von der Mühe,
dir etwas vormachen zu müssen.
Bei dir brauchen wir nicht Angst zu haben,
daß wir falsch eingeschätzt werden.
Du kennst uns ganz, du kennst uns in Liebe.

Wir bitten dich:
Befreie uns vom ängstlichen Schielen
auf das Urteil der Leute.
Befreie uns auch davon, daß wir andere verurteilen.
Denn du allein behältst das letzte Wort.

In der Stille beten wir für Menschen,
mit denen wir uns schwer tun . . .

Herr, du siehst sie und siehst uns.
Du weißt alles. Dich beten wir an. Amen.

Wochenpsalm
Psalm 37, 1–7 a oder Psalm 139

Wochenlied
Ach bleib bei uns, Herr Jesu Christ 207

Mein Jesus ist mein Ehre 250, 4–6
Du wirst dein herrlich Werk vollenden 216, 9

LETZTE WOCHE NACH DEM ERSCHEINUNGSFEST

»Verklärung«

Wochenspruch
Über dir geht auf der Herr,
und seine Herrlichkeit erscheint über dir.
Jesaja 60,2

Wochengebet
Großer und herrlicher Gott!
Wie die Sonne aufgeht über der dunklen Erde
und sie mit ihrem Licht erwärmt,
so strahlst du auf über unserem Leben:
Hell soll unser Weg werden und heil unser Wesen
im Glanz deiner Gegenwart.

Doch unsere Augen sehen nicht dich,
sie sehen nur die Sonne. – Wir wissen:
auf ihren Tag folgt immer wieder die Nacht.
Und hinter den Horizont kann unser Auge
nicht dringen. Unser Blick ist begrenzt.
Darum können wir dein Licht nur sehen,
wenn du uns die Augen dafür öffnest.

Tu es, Herr!
Laß uns erkennen, daß das Ziel dieser Welt
nicht dort ist, wo alle Lichter verlöschen.
Laß uns erkennen, daß du, Gott, aufgehst,
und es folgt kein Untergang mehr.
Du bist in Christus die Sonne,
die nie mehr dunkel wird.
Herr, mache uns zu Menschen,
die im Glanz deines Lichtes leben.

In der Stille bitten wir dich für die Menschen,
die unter Dunkelheit leiden . . .

Herr, wir warten auf deinen Tag.
Laß uns sein Licht aufgehen
und erwecke uns zu neuem Leben. Amen.

Wochenpsalm Psalm 97

Wochenlied
Herr Christ, der einig Gotts Sohn 46

Erneure mich, o ewigs Licht 264

WOCHE DES SONNTAGS SEPTUAGESIMAE
(»Rund 70 Tage bis Ostern«)

»Lohn und Gnade«

Wochenspruch
Wir liegen vor dir mit unserem Gebet
und vertrauen nicht auf unsere Gerechtigkeit,
sondern auf deine große Barmherzigkeit.
Daniel 9,18

Wochengebet
Herr aller Welten!
Wir ahnen deine Größe,
und es geht uns auf, wie klein wir sind.
Herr, gerecht und heilig bist du.
Wir erfahren,
wie weit wir von deinen Wegen abgeirrt sind.
Unser Versagen ragt vor uns hoch wie ein Berg.

Aufgerichtet stehen
können wir nicht vor deinen Augen.
Wir liegen vor dir: Allein du bist groß.
Wir liegen vor dir: Allein du bist heilig.
Wir liegen vor dir: Allein dein Weg führt weiter.
Wir liegen vor dir:
Allein dein Erbarmen hebt uns auf.

Du stellst uns auf die Füße.
Du sagst zu uns:
Geh hin, in Gottes Frieden hinein,
immer weiter hinein. –
Als Menschen auf diesem Weg
beten wir in der Stille für die,
denen du dein Erbarmen erweisen willst durch uns . . .

Herr, wir danken dir,
für deine große Barmherzigkeit. Amen.

Wochenpsalm
Psalm 31, 15–17. 20–25

Wochenlieder
Es ist das Heil uns kommen her 242,1.6 ff.
Wärn meiner Sünd auch noch so viel 248

Christi Blut und Gerechtigkeit 273

Woche des Sonntags Sexagesimae
(»Rund 60 Tage bis Ostern«)

»Viererlei Ackerfeld«

Wochenspruch
Heute, wenn ihr seine Stimme hören werdet,
so verstocket eure Herzen nicht. Hebräer 3,15

Wochengebet
Herr,
heute willst du mit uns reden;
heute willst du uns begegnen;
heute ist Zeit für dich.
Du machst den heutigen Tag und diese Stunde
zu einem Stück deiner Ewigkeit,
denn du redest mit uns.
Du willst, daß wir bleiben vor dir
und nicht vergehen.

Du redest.
Aber hören wir deine Stimme?
Da sind so viele Stimmen
um uns und in uns;
es geht so laut zu.
Wir lassen uns ablenken.
Wir sind nicht offen für dein Wort.

Herr,
gib uns deinen Geist, damit wir dich hören.
Wir brauchen deinen Anruf zum Leben.

In unsere Bitte schließen wir auch die Menschen ein,
mit denen du uns verbunden hast.
In der Stille nennen wir ihre Namen . . .

Herr, rede mit ihnen,
Herr, rede mit uns.
Wir wollen hören, heute hören. Amen.

Wochenpsalm
Psalm 119, 89–94. 116.117 oder Psalm 31,2 ff.

Wochenlieder
Herr, für dein Wort sei hoch gepreist 145
Es wolle Gott uns gnädig sein 182

Mache mich zum guten Lande 129,4–6
O Gott, du höchster Gnadenhort 143
Wach auf, wach auf 390

Woche des Sonntags Estomihi

(»Sei mir ein starker Fels!«)

»Der Weg zum Kreuz«

Wochenspruch
Christus spricht:
Siehe, wir gehen hinauf nach Jerusalem,
und es wird alles vollendet werden,
was geschrieben ist durch die Propheten
von dem Menschensohn. Lukas 18,31

Wochengebet
Herr,
sehenden Auges gehst du hinauf nach Jerusalem –
den Weg des Gehorsams und der Liebe.

Öffne uns die Augen für deinen Weg.
Stärke uns den Mut, dir zu folgen.

Wir bitten dich für alle,
die du neben uns auf den Weg gestellt hast,
für die, die leiden müssen.
Wir nennen in der Stille ihre Namen...

Herr,
hilf ihnen und uns,
in deine Fußstapfen zu treten.
Stärke unseren Gehorsam,
bringe uns ans Ziel durch deine Liebe.
Lob sei dir in Ewigkeit. Amen.

Wochenpsalm Psalm 31,2–9

Wochenlieder
Lasset uns mit Jesu ziehen 252
Ein wahrer Glaube Gotts Zorn stillt 246

»Mir nach!« spricht Christus 256
Jesu, geh voran 274

Woche des Sonntags Invocavit

(»Er ruft mich an«)

»Versuchung«

Wochenspruch
Dazu ist erschienen der Sohn Gottes,
daß er die Werke des Teufels zerstöre.
1. Johannes 3,8

Wochengebet
Herr, unser Vater!
Deinen Sohn hast du in die Welt gesandt,
damit er die Werke des Teufels zerstöre.
Im Gehorsam gegen dich
hat er den Feind überwunden.

Wir danken dir,
daß dein Sohn an unsere Seite tritt;
sonst unterliegen wir in den Versuchungen.

Wir bitten dich:
Laß deinen Sohn immer an unserer Seite bleiben.
Denn wenn wir allein stehen,
müssen wir verzweifeln,
verzweifeln über Krankheit und Leid,
über Haß und Grausamkeit und so viel Schuld.

Wir beten, Vater, für alle,
die in Angst sind,
für alle, die nicht glauben können,
wir beten für die Menschen,
mit denen wir besonders verbunden sind:
in der Stille nennnen wir vor dir ihre Namen . . .

Herr Jesus, du Sohn Gottes,
bleibe bei ihnen und bleibe bei uns.
Nichts soll uns von dir trennen.
Wir beten dich an. Amen.

Wochenpsalm
Psalm 91,1–4. 9–12 oder Psalm 130 oder Psalm 31

Wochenlieder
Ach bleib mit deiner Gnade 208
Ein feste Burg ist unser Gott 201

Gott der Vater wohn uns bei 109
In dich hab ich gehoffet, Herr 179

Woche des Sonntags Reminiscere

(»Gedenke, Herr«)

»Den Menschen ausgeliefert«

Wochenspruch
Gott erweist seine Liebe zu uns darin,
daß Christus für uns gestorben ist,
als wir noch Sünder waren. Römer 5,8

Wochengebet
Vater,
Du hast dich nicht damit abgefunden,
daß wir fern von dir
unsere eigenen Wege gehen.
Deine Liebe zu uns
gibt den Sohn in den Tod,
damit wir leben können.
Gerettet wurden wir,
ehe wir es begreifen konnten.
Wir danken dir, Vater, für deine Liebe.

Weil du alle Menschen einschließt
in dieses Opfer,
bitten wir dich für die ganze Welt,
besonders aber für die,
die ferne von dir sind.
In der Stille bringen wir sie vor dich . . .

Vater,
laß sie alle, samt uns,
geborgen sein in deiner Liebe. Amen.

Wochenpsalm
Psalm 10,1–3.11–14.17.18 oder Psalm 25

Wochenlied
Wenn wir in höchsten Nöten sein 282

Halt im Gedächtnis Jesum Christ 257
Jesu, deine Passion 67

WOCHE DES SONNTAGS OCULI
(»Meine Augen sehen stets auf den Herrn«)

»Nachfolge«

Wochenspruch
Christus spricht:
Wer seine Hand an den Pflug legt
und sieht zurück,
der ist nicht geschickt für das Reich Gottes.
Lukas 9,62

Wochengebet
Herr Jesus Christus!
Der Weg, der dich ins Leiden führt,
liegt vor dir.
Du gehst ihn in unbeirrbarer Entschlossenheit.
So erfüllst du den Willen des Vaters.

Auch uns rufst du auf diesen Weg;
du willst, daß wir in deiner Spur bleiben.

Gib uns ein festes Herz,
damit wir nicht rückwärts gewendet gehen,
sondern mit dir zum Ziel kommen.

Wir denken vor dir an die,
die du mit uns in deine Nachfolge
gerufen hast.
Wir nennen in der Stille vor dir ihre Namen . . .

Herr,
zeige uns allen den Weg;
bringe uns ans Ziel.
Lob sei dir in Ewigkeit. Amen.

Wochenpsalm
Psalm 34,16–23 oder Psalm 25

Wochenlied
Wenn meine Sünd mich kränken 61

Jesu, geh voran 274

Woche des Sonntags Laetare

(»Freuet euch mit Jerusalem!«)

»Für euch dahingegeben«

Wochenspruch
Christus spricht:
Wenn das Weizenkorn nicht in die Erde fällt
und erstirbt,
bleibt es allein;
wenn es aber erstirbt,
bringt es viel Frucht. Johannes 12,24

Wochengebet
Herr Jesus Christus,
du selber bist das Weizenkorn,
das viel Frucht bringt.
Du hast dein Leben hingegeben
ohne Vorbehalt.
Du bist den Weg des Gehorsams gegangen
bis zum Tod.

Lehre uns erkennen:
Um Frucht zu bringen,
gibt es auch für uns keinen anderen Weg
als deinen Weg:
Vertrauen – Loslassen – Ja sagen.
Hilf du, Herr,
daß wir vertrauen und loslassen und ja sagen.

Wir schließen in unser Gebet in der Stille
all die Menschen ein,
die ihr Leben dir übergeben . . .

Herr Jesus,
stärke sie und uns
durch die Kraft deiner Auferstehung. Amen.

Wochenpsalm
Psalm 84, 6–13 oder Psalm 27, 1.7 ff.

Wochenlieder
Jesu Kreuz, Leiden und Pein 58,1–3.9 ff.
(Ausweichmelodie bei Lied 56)
Jesu, meine Freude 293

WOCHE DES SONNTAGS JUDICA
(»Schaffe mir Recht, Gott . . .«)

»Das Lamm Gottes«

Wochenspruch
Christus spricht:
Der Menschensohn ist nicht gekommen,
daß er sich dienen lasse,
sondern, daß er diene
und gebe sein Leben
zu einer Erlösung für viele.
Matthäus 20,28

Wochengebet
O Jesus, du Sohn Gottes,
du bist der Herr aller Herren.
Dennoch kommst du in die tiefsten Tiefen.
Du bist dir nicht zu gut, dich zu beugen,
denn du willst uns Menschen dienen wie ein Knecht.
Nur wenn du tiefer stehst als wir,
kannst du uns retten.
Wir beten dich an.

Präge dein Bild in uns ein,
damit wir uns dein Dienen gefallen lassen.
So machst du uns fähig,
daß auch wir einander dienen können.

In der Stille beten wir für alle,
die aus Liebe zu dir ihren Dienst tun,
besonders für die, die du uns an die Seite gestellt hast...

Herr Jesus, wir danken dir,
daß du uns und alle Menschen mitnehmen willst
auf dem Weg,
auf dem du uns zur Erlösung führst.
Ehre sei dir, o Herr! Amen.

Wochenpsalm
Psalm 43 oder Psalm 31

Wochenlied
O Mensch, bewein dein Sünde groß 54

Karwoche

»Der Schmerzensmann«

Wochenspruch
Christus spricht:
Der Menschensohn muß erhöht werden,
damit alle, die an ihn glauben,
das ewige Leben haben.
Johannes 3,14.15

Wochengebet
Du Menschensohn, der Leben bringt,
dich beten wir an:

Erhöht mußt du werden, so will es der Vater.
Die Fäuste der Soldaten erhöhen dich ans Kreuz.
Die Sünde und Schuld der Welt zwingt dich ans Kreuz.
Wir, wir selber bringen dich ans Kreuz.
Erbarme dich unser!

Du Menschensohn,
du vollbringst den Willen Gottes
und erniedrigst dich selbst bis zum Tod.
Du vollbringst den Willen Gottes
und wirst erhöht.
An deinem Kreuz endet die Kette der Vergeltung;
in deiner Liebe überwindest du die Macht des Bösen.
Wir schauen auf zu dir.

Du allein, du Erhöhter, bringst uns Leben,
ein Leben, das mit dem Tod nicht endet.

Du Menschensohn,
du mußt erhöht werden auch in uns.
Alles andere soll unter dir bleiben.
In der Stille legen wir vor deinem Kreuz nieder,
was du in uns überwinden mußt . . .

Christus, Menschensohn,
dir vertrauen wir uns an zum Leben. Amen.

Wochenpsalm
Psalm 69,2–4.8–10.17–22.30
oder Psalm 22
oder Christushymnus aus Philipper 2,5–11

Wochenlied
Du großer Schmerzensmann 66

Woche des Osterfestes

»Das Wunder der Auferstehung«

Wochenspruch
Christus spricht:
Ich war tot, und siehe, ich bin lebendig
von Ewigkeit zu Ewigkeit
und habe die Schlüssel des Todes und der Hölle.
Offenbarung 1,18

Wochengebet
Herr Jesus Christus,
du bist auferstanden von den Toten.
Du bist das Leben.
Dich bitten wir:
Laß das Licht deiner Auferstehung leuchten:
Es leuchte hinein
in alle Not und Ratlosigkeit;
es leuchte hinein,
wo Menschen gebunden sind
an Schuld und Versagen;
es leuchte hinein
in Zweifel und Kleinglauben.

Du hast die Schlüssel zu allen Türen.
Du behältst das letzte Wort.
Wir bitten dich in der Stille für Menschen,
die nicht weiterwissen . . .

Herr, hilf du!
Und wenn die Schatten des Todes näher kommen,
stärke in uns die Gewißheit,
daß du lebst
und daß auch wir durch dich
leben sollen.

Wir danken dir für deine Gegenwart. Amen.

Wochenspalm Psalm 118,14–24

Wochenlieder
Christ lag in Todesbanden 76
Erschienen ist der herrlich Tag 80

Christ ist erstanden 75
Auf, auf, mein Herz, mit Freuden 86

Woche des Sonntags Quasimodogeniti
(»Wie die neugeborenen Kinder«)

»Die neue Geburt«

Wochenspruch
Gelobt sei Gott,
der Vater unseres Herrn Jesus Christus,
der uns nach seiner großen Barmherzigkeit
wiedergeboren hat
zu einer lebendigen Hoffnung
durch die Auferstehung Jesu Christi von den Toten.
1. Petrus 1,3

Wochengebet
Herr alles Lebens,
du bist zu uns gut wie ein Vater.
Du kannst es nicht ertragen, daß unser Leben
nur das eine Ziel hat: den Tod.

Darum stellst du Christus, deinen Sohn,
auf *unseren* Weg,
und er, unser Bruder,
nimmt uns auf *seinen* Weg.
Er ist der Auferstandene.
Jetzt haben wir Hoffnung,
und unser Ziel ist das Leben bei dir.

Vater, wir bringen vor dich in der Stille alle,
die sich quälen ohne Hoffnung,
alle, die nicht glauben können,
daß Christus der Sieger ist . . .

Vater, hilf ihnen und uns.
Wir loben deine große Barmherzigkeit;
wir loben dich mit unserem ganzen Leben. Amen.

Wochenpsalm
Psalm 116,1–9 oder Psalm 92
oder Psalm 118 in Auswahl

Wochenlied
Jesus Christus, unser Heiland 77

Wir wollen alle fröhlich sein 82

Woche des Sonntags Misericordias Domini

(»Von der Barmherzigkeit des Herrn will ich singen in Ewigkeit«)

»Der gute Hirte«

Wochenspruch
Christus spricht:
Ich bin der gute Hirte.
Meine Schafe hören meine Stimme,
und ich kenne sie,
und sie folgen mir;
und ich gebe ihnen das ewige Leben.
Johannes 10,11.27 f.

Wochengebet
Herr, du Gekreuzigter und Auferstandener!
Mit deinem Rufen lockst du uns wie ein Hirte:
Du weißt die Wege – auch im Dunkel.
Du gibst uns dein Wort,
daß wir dich finden.
Du zeigst uns dein Wesen,
daß wir dich kennen.
Schützend stellst du dich vor uns
mit deinem Leben.
In allem hilfst du uns,
daß wir das Leben haben.
Denn ohne dich gehen wir in die Irre.
Wir danken dir, du unser guter Hirte.

Und das ist unsere Bitte:
Höre nie auf, Menschen zu suchen und zu retten.
Wir bitten dich in der Stille für die,
die nach Leben dürsten,
für solche, die süchtig geworden sind . . .

Guter Hirte!
Laß keinen verloren gehen.
Rufe – suche – rette du!
Wir wollen dir folgen. Amen.

Wochenpsalm Psalm 23

Wochenlied
Der Herr ist mein getreuer Hirt 178

Nun jauchzt dem Herren 187

WOCHE DES SONNTAGS JUBILATE
(»Jauchzet Gott, alle Lande!«)

»Die neue Schöpfung«

Wochenspruch
Ist jemand in Christus,
so ist er eine neue Kreatur;
das Alte ist vergangen,
siehe, Neues ist geworden. 2. Korinther 5,17

Wochengebet
Herr, ich bin überwältigt;
es gibt noch Neues in dieser Welt,
denn du rufst es ins Leben:

Den neuen Tag, neue Liebe, den neuen Anfang.
Du allein machst, daß auch wir neu anfangen können:
– neu anfangen mit dem Glauben an dich;
– neu anfangen mit dem Mut zum Leben;
– neu anfangen mit dem Vertrauen,
das wir einander schenken.

Christus, du schaffst Neues,
weil du auferstanden bist:

Die Schatten des Alten müssen weichen;
eine neue Richtung gibst du den Spuren,
die wir hinterlassen.
»Was gewesen ist, darf uns nicht mehr beschweren;
was kommt, soll uns nicht schrecken.«
Wir können jubeln.

In der Stille denken wir vor dir an Menschen,
die unter der Vergangenheit leiden;
wir denken an die, von denen wir getrennt wurden
durch Schuld . . .

Herr Christus,
erhalte uns deine Nähe.
Ohne dich können wir all das Neue nicht sehen.
Amen.

Wochenpsalm
Psalm 66,1 ff. oder Psalm 118 in Auswahl

Wochenlied
Mit Freuden zart 81, 1–3

O Tod, wo ist dein Stachel nun 87
In dir ist Freude 288

WOCHE DES SONNTAGS KANTATE
(»Singet!«)

»Die singende Gemeinde«

Wochenspruch
Singet dem Herrn ein neues Lied;
denn er tut Wunder. Psalm 98,1

Wochengebet
Herr, deine Wunder
haben unseren Vätern den Mund geöffnet
zum Singen und Loben.

Was aber kommt aus unserem Mund?
Hilflose Schreie und zornige Anklagen.
Im Unfrieden der Welt
und unter der Not so vieler Menschen
wird dein Lob erstickt.

Wenn wir dich vergessen,
können wir nichts als jammern.

Wir bitten dich in der Stille für uns selber
und für die Menschen, die nicht loben können;
wir bitten dich für die, die daran schuld sind,
daß andere klagen müssen . . .

Herr,
öffne unsere Herzen,
daß wir dich und dein Tun erkennen.
Dann können wir deine Wunder besingen
und mit unseren Taten dazu helfen,
daß Menschen dich loben. Amen.

Wochenpsalm Psalm 98

Wochenlieder
Lob Gott getrost mit Singen 205
Nun freut euch, lieben Christen g'mein 239

O daß ich tausend Zungen hätte 238

INRI

WOCHE DES SONNTAGS ROGATE
(»Betet!«)

»Die betende Gemeinde«

Wochenspruch
Gelobt sei Gott,
der mein Gebet nicht verwirft,
noch seine Güte von mir wendet.
Psalm 66,20

Wochengebet
Herr,
du hast uns versprochen,
daß unser Beten bei dir
nicht ins Leere geht.
Du willst uns hören.
Wir danken dir,
daß du gut zu uns bist wie ein Vater.

Wir bitten dich:
Rede du mit uns,
wenn wir dich anrufen.
Rede du mit uns,
denn dein Wort soll unser Wesen prägen,
dein Wort soll unser Tun leiten.

Wir beten dich an in der Stille . . .

Herr, höre uns.
Herr, hilf uns,
daß wir auf dem Weg bleiben zu dir
durch Christus,
unseren Herrn. Amen.

Wochenpsalm
Psalm 95,1–7 oder Psalm 118 in Auswahl

Wochenlieder
Zeuch ein zu deinen Toren 105
Vater unser im Himmelreich 241

Die Hände, die zum Beten ruhn 351, 11
Wir danken dir, Herr Jesu Christ 84

Vom Himmelfahrtsfest an und in der Woche nach Exaudi

»Die wartende Gemeinde«

Wochenspruch
Christus spricht:
Wenn ich erhöht werde von der Erde,
so will ich alle zu mir ziehen.
Johannes 12,32

Wochengebet
Herr,
du hast dich erniedrigt
und bist vom Vater in unsere Welt
herabgekommen:
Du willst *uns* nicht allein lassen
in unseren Sorgen,
in unserer Friedlosigkeit,
in unserer Schuld.
Du willst uns nicht allein lassen
im Tod.
Wir danken dir dafür.

Nun aber bist du erhöht
zur Rechten des Vaters.
Und doch willst du
nicht für dich allein sein.

Alle willst du zu dir ziehen.
Allen willst du Anteil geben
an deinem Leben.
Für immer willst du uns bei dir
und beim Vater haben.

Wir beten in der Stille für die,
die du uns besonders ans Herz gelegt hast . . .

Du ziehst alle zu dir.
Wir loben dich, du großer Erbarmer. Amen.

Wochenspalm Psalm 27,1.7–14

Wochenlieder
Jesus Christus herrscht als König 96
Wir danken dir, Herr Jesu Christ 84
Heilger Geist, du Tröster mein 101

O daß doch bald dein Feuer brennte 219

Woche des Pfingstfestes

»Die Kirche des Geistes«

Wochenspruch
Es soll nicht durch Heer oder Kraft,
sondern durch meinen Geist geschehen,
spricht der Herr Zebaoth.
Sacharja 4,6

Wochengebet
Herr, so steht es um uns:
Heer und Kraft,
damit rechnen wir;
Geld und Macht und Besitz,
damit können wir umgehen.
Wir lassen uns beeindrucken
von Macht und Geld.
Aber sehr oft bewirken wir damit
Streit statt Frieden,
Machtkämpfe statt Hilfe,
Spaltung statt Gemeinschaft.

Darunter leiden wir.
Herr, erbarme dich!

Du aber wirkst durch deinen Geist;
du wirkst, was wir nie schaffen:
Liebe – Freude – Frieden.
Allein dein Geist
bringt Gemeinschaft und Einheit.
Diesen Geist brauchen wir wie den Atem fürs Leben.

Deshalb bitten wir dich:
Gib uns die Kraft deines heiligen Geistes.
Schaffe uns neu,
uns und deine Kirche und deine Welt.

In der Stille beten wir für Kirche und Gemeinde . . .

Komm, heiliger Geist! Amen.

Wochenpsalm
Psalm 118,19–29 oder Psalm 100

Wochenlied
Komm, heiliger Geist, Herre Gott 98

Jauchz, Erd und Himmel 100
Komm, heiliger Geist 124

4 Woche des Dreieinigkeitsfestes

»Der dreieinige Gott«

Wochenspruch:
Heilig, heilig, heilig ist der Herr Zebaoth;
alle Lande sind seiner Ehre voll! Jesaja 6,3

Wochengebet
Herr, allmächtiger, starker Gott!
Heilig bist du und ewig,
kein Mensch darf dir nahen.
Darum kommst du selber uns nah;
du kommst zu uns Menschen in deinem Sohn.

Er heiligt uns für dich zum Eigentum.
Der Sohn wandelt uns um.
Er heilt, was verdorben ist;
er bringt zurecht,
was verkehrt ist durch unsere Schuld.

Vater, durch deinen Sohn
schenkst du uns auch deinen heiligen Geist.
Er wirkt in uns,
er leitet uns nach deinem Willen.
Allein durch deinen Geist
finden wir den Weg zur Einheit,
allein durch ihn
können wir Schritte des Friedens gehen.
Vater, dein Geist läßt uns erkennen,
wie alle Lande voll deiner Ehre sind.

In der Stille beten wir für deine Welt . . .

Du Ewiger, Allmächtiger,
halte und bewahre diese Welt durch deine Güte.

Dich, den Einen, den Heiligen,
loben wir mit allen Engeln:
Dich, Vater, Sohn und heiligen Geist. Amen.

Wochenpsalm Psalm 145,1–13
oder »Aus dem Gesang der drei Männer im Feuerofen«
oder »Das Nicänische Glaubensbekenntnis«

Wochenlieder
Komm, Gott Schöpfer 97
Gelobet sei der Herr 111

Brunn alles Heils 112

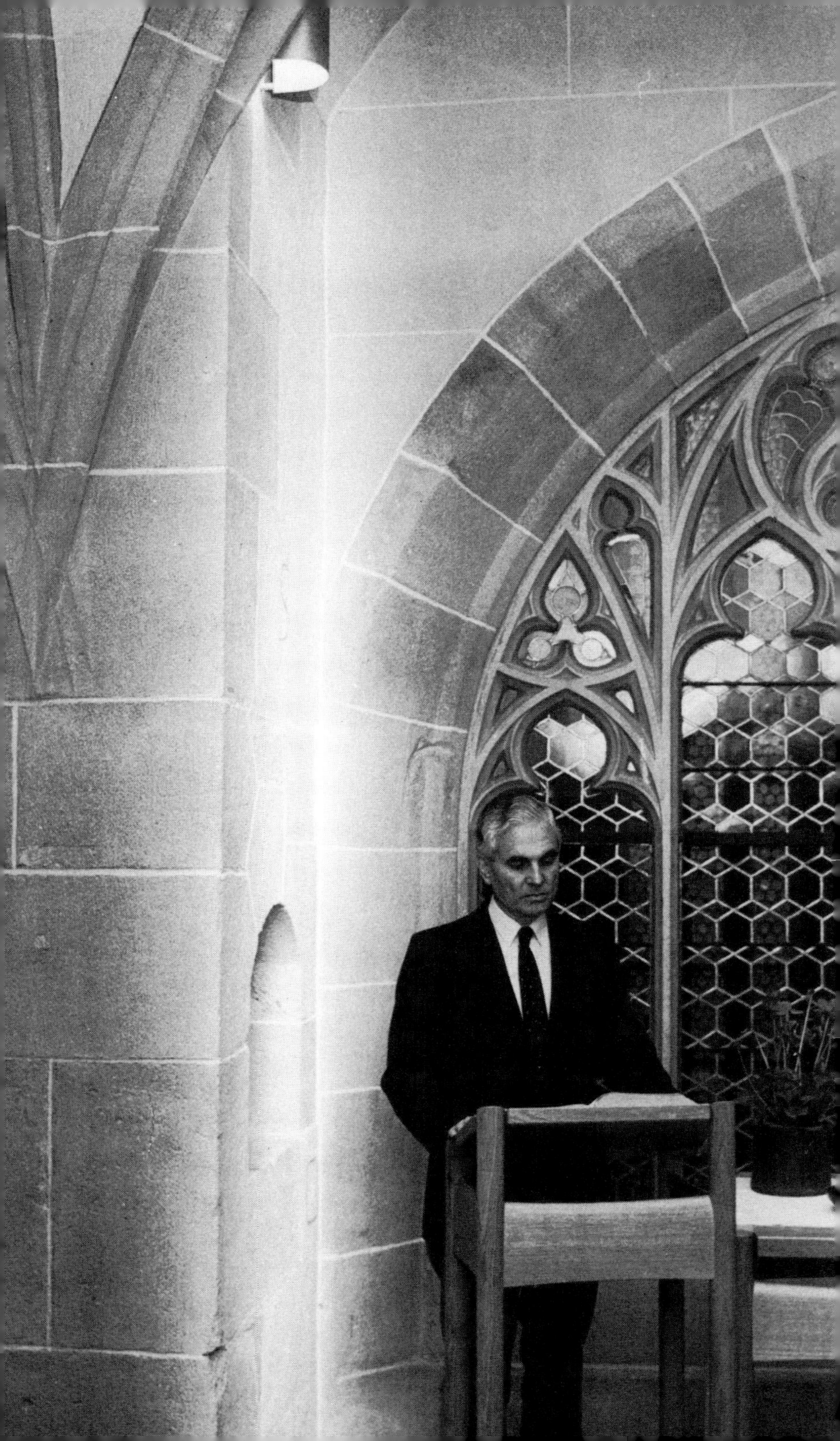

1. WOCHE NACH DEM DREIEINIGKEITSFEST

»Apostel und Propheten«

Wochenspruch
Christus spricht:
Wer euch hört, der hört mich,
und wer euch verachtet, der verachtet mich.
Lukas 10,16

Wochengebet
Herr Jesus Christus!
Du schenkst uns großes Vertrauen:
Dein Wort willst du
durch unser Wort weitersagen;
deine Liebe willst du
durch unsere Liebe verschenken.
Wir danken dir,
daß du uns so viel anvertraust.

Wir bitten dich:
Vergib uns, daß wir anderen Leuten
immer wieder im Weg stehen;
vergib, wenn wir dich verdecken.
Mach uns durchscheinend für dich.
Mache uns bereit,
daß wir im Wort des anderen dich hören!

Herr, gib uns deinen heiligen Geist:
er schärft uns den Blick;
er öffnet uns für dich
und für die Menschen,
zu denen du uns sendest.
Wir beten in der Stille für sie . . .

Laß uns leben vor dir
mit unseren Worten und Taten. Amen.

Wochenpsalm Psalm 34, 1–11

Wochenlied
Nun bitten wir den heiligen Geist 99

O Gott, du höchster Gnadenhort 143
Ich auch auf der tiefsten Stufen 96, 10

2. Woche nach dem Dreieinigkeitsfest

»Die Einladung«

Wochenspruch
Christus spricht:
Kommt her zu mir, alle, die ihr mühselig
und beladen seid; ich will euch erquicken!
Matthäus 11,28

Wochengebet
Christus, du Heiland der Menschen!
Du stellst dich in die Mitte:
Alle rufst du zu dir,
nicht nur die Starken, sondern auch die Schwachen.
Alle rufst du zu dir,
gerade auch die,
die wir uns gerne vom Leibe halten:
Die Belasteten, die uns zu tragen geben;
die Unsicheren, die uns stören;
die Depressiven, die uns viel Kraft kosten;
auch die, die überarbeitet sind
und uns deshalb besonders aufregen.

Du stellst dich in die Mitte
und hältst sie alle aus,
sie und auch uns.
Allen erlaubst du, bei dir aufzuatmen,
auch uns.
Wir brauchen dich!
Arbeite an uns,
daß wir keinen Menschen von dir vertreiben.

Wir beten in der Stille für die,
die du uns in den Weg gestellt hast . . .

Hilf, Herr, daß wir gemeinsam
bei dir das Leben finden.
Wir danken dir. Amen.

Wochenpsalm
Psalm 36,6–11 oder Psalm 103

Wochenlieder
Ich lobe dich von ganzer Seelen 214
»Kommt her zu mir«, spricht Gottes Sohn 245

Der Tag ist seiner Höhe nah 351

3. Woche nach dem Dreieinigkeitsfest

»Das Wort von der Versöhnung«

Wochenspruch
Christus spricht:
Der Menschensohn ist gekommen, zu suchen
und selig zu machen, was verloren ist.
Lukas 19,10

Wochengebet
Gekommen bist du, Herr;
du bleibst nicht in sicherer Entfernung
von uns Menschen;
du bleibst nicht fern
von unseren Lasten und Sorgen.

Gekommen bist du, ganz nah gekommen,
weil du jeden finden willst.

Nicht um uns zu überwachen, kommst du;
nicht um uns die Fehler vorzuhalten,
nicht um uns Versäumnisse nachzutragen,
kommst du.

Du willst uns nahe sein,
suchen und retten willst du
und zu einem neuen Anfang helfen.

Du, unser Retter, laß uns nie vergessen,
daß du jedem Menschen nachgehen willst.
Du erlaubst uns nicht,
daß wir deinem Helfen Grenzen setzen.
Aber du willst, daß wir uns mit dir freuen
über jeden, der durch dich leben kann.

Wir beten in der Stille für Menschen,
die in Gefahr sind, verloren zu gehen . . .

Herr, suche sie und uns.
Wir danken dir für deine Liebe. Amen.

Wochenpsalm Psalm 103

Wochenlieder
Allein zu dir, Herr Jesu Christ 166
Jesus nimmt die Sünder an 268

Jesus ist kommen 53

4. Woche nach dem Dreieinigkeitsfest

»Die Gemeinde der Sünder«

Wochenspruch
Einer trage des anderen Last,
so werdet ihr das Gesetz Christi erfüllen.
Galater 6,2

Wochengebet
Herr Jesus Christus! Du trägst unsere Lasten.
Du machst sie zu einem Stück deiner selbst.
Wir danken dir.
Und darum, Herr, war dies unser fester Vorsatz:
Anderen die Lasten zu tragen.
Denn Ungezählte quälen sich ab.
Aber was ist daraus geworden?
Wir selber sind anderen eine Last geworden:
eine Last, mit unserer Art zu denken
und zu handeln.
Statt zu helfen auf dem Weg,
sind wir anderen Menschen hinderlich.
Und warum das?
Weil wir so oft versäumen,
bei dir die Lasten abzuladen.
Denn du allein trägst die Sünde,
du trägst die übermenschliche Last der ganzen Welt.

Herr, von neuem kommen wir zu dir:
Mache aus uns Menschen,
die anderen eine Last abnehmen.
Mache aus uns Menschen,
die anderen helfen, weiterzukommen auf dem Weg.
Wir beten in der Stille für die,
die du uns anvertraust . . .

Herr, durch dich können wir gemeinsam
den Weg gehen – getrost und freudig.
Wir danken dir. Amen.

Wochenpsalm
Psalm 42 oder Psalm 86,6 ff.

Wochenlieder
Ein wahrer Glaube Gotts Zorn stillt 246
O Gott, du frommer Gott 383

5. Woche nach dem Dreieinigkeitsfest

»Der rettende Ruf«

Wochenspruch
Aus Gnade seid ihr selig geworden
durch den Glauben,
und das nicht aus euch:
Gottes Gabe ist es. Epheser 2,8

Wochengebet
Selig! Gerettet!
Herr, ich kann atmen und gehen und stehen.
Gerettet bin ich durch deine Hand;
ich sinke nicht unter.
Gerettet! Selig!
Laß nicht zu, Herr, daß ich es vergesse:
Deine Tat ist es.
Laß nicht zu, daß ich die Rettung
auch nur ein wenig mir selber zuschreibe:
Gottes Gabe ist sie.
Laß nicht zu, daß ich solche Menschen verachte,
die keinen Halt haben.
Deine Gnade hat mich beschenkt;
deine Gnade gilt auch denen,
die anders sind als ich.
Du willst alle ergreifen.

In der Stille bitten wir für Menschen,
die dich noch nicht kennen . . .

Christus,
an deiner Hand können wir vorwärts gehen;
an deiner Hand können wir Gutes tun;
an deiner Hand haben wir Halt
und können anderen Menschen Halt bieten.
Wir danken dir. Amen.

Wochenpsalm
Psalm 73, 1–3.11–14.23–26

Wochenlieder
Preis, Lob und Dank 206
Wach auf, du Geist der ersten Zeugen 216

Mir ist Erbarmung widerfahren 277

6. Woche nach dem Dreieinigkeitsfest

»Leben aus der Taufe«

Wochenspruch
So spricht der Herr, der dich geschaffen hat:
Fürchte dich nicht, denn ich habe dich erlöst;
ich habe dich bei deinem Namen gerufen;
du bist mein. Jesaja 43,1

Wochengebet
»Fürchte dich nicht!« sprichst du,
mein Herr, zu mir. – »Fürchte dich nicht!«
Und ich?
Ich habe Angst, immer wieder:
Ich habe Angst vor Mißerfolg und Versagen.
Ich habe Angst, die Menschen könnten mich ablehnen.
Ich habe Angst, daß mein Weg nicht weiter geht,
weil ich alt werde oder krank und einsam.
Vor Unfrieden habe ich Angst,
vor Bedrohung dieser Welt und vor Krieg.
Die ungewisse Zukunft macht mir oft Angst.

Du aber, mein Herr, kommst zu mir.
Du sprichst: »Fürchte dich nicht!«
Dein Wort ist wie eine helfende Hand.

Du kommst zu mir in unserem Erlöser, Jesus Christus.
In der Taufe hat er sich an mich gebunden.
Er sagt: So viel wie mein eigenes Leben
bist du mir wert. So viel!

Ich bin getauft. Keine Stunde bin ich vergessen,
ich nicht und nicht die vielen anderen Menschen.

Wir beten in der Stille für die,
die von Angst umgetrieben sind . . .
wir beten für unsere Patenkinder . . .

Herr, deine Treue hält uns und die Welt
in starken Händen. Wir danken dir. Amen.

Wochenpsalm
Psalm 139, 1–16.23–24

Wochenlieder
Ich bin getauft auf deinen Namen 152
Durch Adams Fall 243

Laß mich dein sein und bleiben 140

7. Woche nach dem Dreieinigkeitsfest

»Am Tisch des Herrn«

Wochenspruch
So seid ihr nun nicht mehr Gäste und Fremdlinge,
sondern Mitbürger der Heiligen
und Gottes Hausgenossen. Epheser 2,19

Wochengebet
Auferstandener Christus,
du lädst alle Menschen an *einen* Tisch.
Du machst sie zu Hausgenossen Gottes.
Und die Liebe des Vaters zieht keine Grenzen.
Alle, alle haben Platz an diesem *einen* Tisch:
Arme, und die, die genug haben;
Fröhliche, und die, die Kummer tragen.
Alle lädst du ein an deinen Tisch.
Und auch wir sind dabei.

Herr, dein großes Wunder ist es,
daß wir uns bei dir zusammenfinden.
Denn ohne dich sind wir uns fremd;
oft verstehen wir uns nicht;
wir verschließen uns voreinander.
Du aber, Auferstandener, überwindest unsre Grenzen.
An deinem Tisch kommen wir zusammen.
Deine Speise verbindet uns;
sie öffnet uns den Mund füreinander,
den Blick, das Herz.
Deine Gabe öffnet uns die Hände:
Wenn wir nehmen, können wir geben;
wenn wir geben, können wir wieder nehmen.
Du, Herr, vereinst uns.
Wir bitten in der Stille für die Heilung
der Risse und Spaltungen unter allen Christen ...

Herr, zeige uns den Reichtum,
den wir durch die anderen haben
und führe uns zur Einheit. Amen.

Wochenpsalm
Psalm 107, 1–9 oder Psalm 113

Wochenlieder
Das sollt ihr, Jesu Jünger, nie vergessen 159
Sei Lob und Ehr dem höchsten Gut 233

Preis, Lob und Dank 206

8. Woche nach dem Dreieinigkeitsfest

»Früchte des Geistes«

Wochenspruch
Lebt als Kinder des Lichts;
die Frucht des Lichts
ist lauter Güte und Gerechtigkeit und Wahrheit.
Epheser 5,8.9

Wochengebet
Herr Christus,
du selber bist das Licht.
Wie die helle Sonne bringst du Leben
in uns hervor.
Du machst aus uns *Kinder des Lichtes:*
Menschen, die durch dich leben,
Menschen, für die du das Dunkel vertreibst.
Durch dich, du Licht,
werden unsere Wege hell;
ohne Angst können wir den nächsten Schritt gehen.

Durch dich, du Licht,
wachsen bei uns Früchte des Lichtes:
Durch Deine Güte, Herr, kann unsere Güte helfen,
daß es bei anderen Menschen heller wird;
du weckst in uns Gerechtigkeit und Wahrheit,
damit andere Menschen besser leben können.

Wir bitten dich in der Stille
für alle Menschen im Dunkel,
für die Einsamen,
für die, die dir entfremdet sind . . .

Christus, Licht der Welt,
leuchte ihnen und uns allen.
Schaffe, daß wir leben als Kinder des Lichtes. Amen.

Wochenpsalm
Psalm 48,2.3.10–15 oder Psalm 119,89 ff.
oder Psalm 1

Wochenlied
O gläubig Herz, gebenedei 226

Du höchstes Licht 337
Hilf mir und segne meinen Geist 371,13 ff.

Vorspiel/Nachspiel

Text und Melodie:
Neuseeland, Tama ngakao Maori

Vorspiel/Nachspiel:
Elisabeth Stotz

2. Hände, die es lernen,
wie man hilft und heilt,
Füße, die nicht zagen,
wenn die Hilfe eilt.

3. Herzen, die sich freuen,
wenn ein andrer lacht,
einen Mund zu reden,
was ihn glücklich macht.

4. Dank für alle Gaben,
hilf uns wachsam sein,
zeig uns, Herr, wir haben
nichts für uns allein.

9. Woche nach dem Dreieinigkeitsfest

»Anvertraute Gaben«

Wochenspruch
Christus spricht: Wem viel gegeben ist,
bei dem wird man viel suchen;
und wem viel anvertraut ist,
bei dem wird man um so mehr fordern. Lukas 12,48

Wochengebet
Großer und reicher Gott, du Geber aller Gaben!
Viel willst du uns austeilen,
viel hast du uns anvertraut.
Wir danken dir für dein Vertrauen;
wir danken dir für deine Gaben.

Herr, auch darin erkennen wir deine Güte,
daß du niemand überforderst.
Von keinem verlangst du mehr,
als du zuvor gibst.

Aber du fragst uns,
was wir mit deinen Gaben machen:
Ob wir sie für uns behalten
und dann einsam bleiben –
ob wir sie weitergeben und mit anderen teilen?
In der Stille bitten wir für die,
die auf unsere Hilfe warten . . .

Herr, öffne uns,
daß wir deine offenen Hände erkennen;
öffne uns,
daß wir im Nehmen und im Geben
von deinem Reichtum leben.
Hilf uns durch Christus und seine große Liebe. Amen.

Wochenpsalm
Psalm 40,5.6.9–12 oder Psalm 86 oder Psalm 104

Wochenlied
Ich weiß, mein Gott, daß all mein Tun 384

Sein sind die Güter 382, 6–8
Herr, gib du uns Augen

אמר ה׳ צבאות
ולא בכח

10. Woche nach dem Dreieinigkeitsfest

»Der Herr und sein Volk«

Wochenspruch
Wohl dem Volk, dessen Gott der Herr ist;
dem Volk, das er zum Erbe erwählt hat.
Psalm 33,12

Wochengebet
Großer Gott!
Das kleine Volk Israel
hast du aus allen Völkern erwählt.
Dein Volk ist es,
du bist sein ewiger Herr.
Und an Israel zeigst du uns,
wie du allen Völkern und Menschen
nahe sein willst, auch uns.
Hilf uns, Herr, daß wir dich
und deinen gütigen Willen erkennen.
Unser Wohlergehen kommt allein von dir.

Wir aber machen uns viel Sorgen
um unser Wohlergehen, um unsere Zukunft.
Wir machen uns Sorgen
und vergessen darüber so leicht,
daß nichts nötiger ist als du.
Daran hängt alles,
daß wir dich Herr sein lassen,
daß wir dich mehr als alles andere
fürchten und lieben und dir vertrauen.

Wir bitten dich in der Stille für unser Volk
und für alle, die deiner Macht nicht vertrauen . . .

Herr, zeige ihnen und uns deine rettende Kraft
in Christus, dem starken Helfer. Amen.

Wochenpsalm
Psalm 74,1–4. 8–12. 20.21
oder Psalm 67 oder Psalm 96

Wochenlieder
Nimm von uns, Herr 119
Gott der Vater wohn uns bei 109

Wach auf, wach auf 390
Das wünschen wir von Herzen all 36,16

11. Woche nach dem Dreieinigkeitsfest

»Pharisäer und Zöllner«

Wochenspruch
Gott widersteht den Hochmütigen,
aber den Demütigen gibt er Gnade.
1. Petrus 5,5

Wochengebet
Herr, es ist gut,
daß du uns so klar den richtigen Platz zeigst:
Allen, die sich groß machen, widerstehst du.
Und die Menschen, die bei uns übersehen werden,
sind bei dir angesehen.
So befreist du uns von dem Zwang,
nach oben drängen zu müssen.

Du hast für jeden den rechten Platz,
nämlich den Platz vor deinen Augen.
Dort gelten wir etwas.
Dadurch bewahrst du uns vor dem Gefühl,
nichts wert zu sein.

Aber auch vor Hochmut werden wir bewahrt
unter deinen Augen.
Darum können wir andere Menschen leiten,
ohne überheblich zu werden.

Wir beten in der Stille für die,
die mit uns leben und arbeiten . . .

Laß uns offen bleiben für deine Nähe, Herr.
Nur so können wir Christus nachfolgen,
der uns den Weg der Demut vorausgegangen ist.

Ihm gehört alle Ehre
samt dir und dem heiligen Geist. Amen.

Wochenpsalm
Psalm 113

Wochenlied
Aus tiefer Not schrei ich zu dir 195

Allein Gott in der Höh sei Ehr 131

12. Woche nach dem Dreieinigkeitsfest

»Die große Krankenheilung«

Wochenspruch
Das geknickte Rohr wird er nicht zerbrechen,
und den glimmenden Docht wird er nicht auslöschen.
Jesaja 42,3 – Matthäus 12,20

Wochengebet
Erbarmender Vater,
du zeigst deine Größe dort am herrlichsten,
wo du verschonst, statt zu strafen,
wo du heilst, statt auszulöschen.
Du beugst dich in Güte zu uns
und hebst uns an dein Herz.
Du bringst zurecht,
was wir verdorben haben;
du fügst neu zusammen,
was wir verwirrt und zerrissen haben.

Wir bitten dich in der Stille für die Menschen,
mit denen wir es schwer haben –
und wir bitten für die,
die es mit uns schwer haben . . .

Hilf, Vater, daß wir deine Barmherzigkeit
nicht für uns allein behalten,
sondern weiterschenken.
Dann kann unser ganzes Leben dich loben
und dein Erbarmen groß machen,
das allen Menschen gilt
durch Christus, unseren Heiland. Amen.

Wochenpsalm
Psalm 147, 1–6.12–20 oder Psalm 103

Wochenlied
Nun lob, mein Seel, den Herren 188

Wenn wir wie Brüder 159,2

13. WOCHE NACH DEM DREIEINIGKEITSFEST

»Der barmherzige Samariter«

Wochenspruch
Christus spricht:
Was ihr getan habt einem von diesen
meinen geringsten Brüdern,
das habt ihr mir getan. Matthäus 25,40

Wochengebet
Herr aller Menschen, du unser Helfer!
Unsere Augen können dich nicht sehen.
Aber im anderen Menschen willst du uns begegnen.

Heute fragst du uns nach den Geringsten,
nach denen, die wir so leicht übersehen
oder verachten.

Alles, was wir anderen tun, trifft dich zuerst,
alles, ob wir helfen oder verletzen.
Alles, was wir an anderen versäumen,
enthalten wir dir vor.
All unsere Worte, gute oder feindselige Worte,
gelten dir genauso.

Herr, mach uns wach,
daß wir unserer Liebe zu dir Gestalt geben,
indem wir anderen Menschen helfen.

In der Stille beten wir für den
der heute unsere Hilfe braucht . . .

Herr, vergib uns, was wir versäumt haben;
schenke uns einen neuen Anfang.
Hilf du uns,
daß wir bei dir Barmherzigkeit lernen. Amen.

Wochenpsalm
Psalm 112, 5–9 oder Psalm 139

Wochenlied
Ich ruf zu dir, Herr Jesu Christ 244

Ein wahrer Glaube Gotts Zorn stillt 246
O Herr, verleih 165,3
Herr, gib du uns Augen
(siehe 9. Woche nach dem Dreieinigkeitsfest)

14. Woche nach dem Dreieinigkeitsfest

»Der dankbare Samariter«

Wochenspruch
Lobe den Herrn, meine Seele,
und vergiß nicht,
was er dir Gutes getan hat. Psalm 103,2

Wochengebet
Allmächtiger Gott!
Heute und an jedem Tag empfangen wir
unzählige Gaben und Wohltaten
aus deiner Liebe:
Das wärmende Licht, die Luft um uns,
Brot und Kleider, Haus und Heimat,
dazu Brüder und Schwestern und Freunde.
Du gibst uns aber noch viel mehr:
Du sendest uns den Sohn.
Weil er da ist,
dürfen uns unsere Versäumnisse
nicht mehr anklagen;
weil er da ist,
kann unsere Schuld uns nicht vertreiben von dir.
Du machst,
daß wir uns freuen können an unserem Leben.

Bewahre uns davor,
daß wir das alles für selbstverständlich nehmen;
du willst nicht,
daß wir vergessen, was du uns Gutes tust.
Unser Dank darf nie verstummen.

Wir danken dir in der Stille für alle Wohltaten,
die du anderen Menschen erwiesen hast,
denen, die uns nahestehen . . .

Lobe den Herrn, meine Seele! Amen.

Wochenpsalm Psalm 146

Wochenlied

Von Gott will ich nicht lassen 283

Nun danket alle Gott 228

Hier stirbt
der Wald

15. WOCHE NACH DEM DREIEINIGKEITSFEST

»Irdische Güter«

Wochenspruch
Alle eure Sorge werfet auf den Herrn;
denn er sorgt für euch. 1. Petrus 5,7

Wochengebet
Herr, unser Gott!
Wie oft bilden unsere Sorgen
ein undurchdringliches Dickicht,
das uns hindert, den Blick zu dir zu erheben.
Immer wieder mühen wir uns an der falschen Stelle.
Davon werden wir müde und erschöpft.

Öffne du uns neu den Blick für dich:
Du waltest als Herr
über all der Vielfalt unserer täglichen Aufgaben.
Nicht weniger sorgst du für die kleinen Dinge
in unserem Leben.
Deine Fürsorge vergißt keinen.

Du erquickst uns in der Mühe des Alltags;
du stärkst uns in der Prüfung;
du tröstest uns, wenn wir traurig sind.

Wir beten in der Stille für die,
die von Sorgen geplagt sind . . .

Herr, laß deinen Frieden einkehren in unsere Seele.
Dringe ein ins Verborgene unseres Herzens
mit deiner heilenden Kraft.
Segne uns mit dem Vertrauen in deine
sorgende Liebe,
denn du sorgst für uns. Amen.

Wochenpsalm
Psalm 127 oder Psalm 115

Wochenlieder
Auf meinen lieben Gott 289
Wer nur den lieben Gott läßt walten 298

Befiehl du deine Wege 294
Quält dich ein schwerer Sorgenstein 88,4 (9.10)
In allen meinen Taten 292

WOCHE DES ERNTEDANKFESTES

»Segen und Dank«

Festspruch
Aller Augen warten auf dich, Herr,
und du gibst ihnen ihre Speise zur rechten Zeit.
Psalm 145,15

Wochengebet
Lebendiger Gott, du bist ein großer Herr!
Für alle sorgst du,
nicht nur für Menschen aus einem einzigen Volk;
für alle sorgst du,
nicht nur für uns mit unserer weißen Hautfarbe;
für alle sorgst du, – auch für die Tiere.
So viele Augen suchen und warten
und werden fröhlich, wenn du sättigst.
Groß ist deine Güte. Groß bist du, unser Herr.
An deinem Reichtum können wir uns nicht sattsehen.

Aber da sind so viele Augen,
die traurig schauen,
die leer blicken vor Hunger;
da sind so viele Augen,
die gierig und hassend blitzen,
weil andere nichts hergeben,
weil uns das Teilen so schwerfällt.

Herr, wir beten in der Stille für uns, die Satten,
und auch für die, die hungern müssen . . .

Vater, gib uns mit der Speise
auch deine Liebe, die gerne teilt.
Gib uns mit der Speise auch Weisheit,
daß wir Wege zueinander finden.
Vater, gib uns mit der Speise das Leben.
Wir bitten dich durch Christus, unsern Herrn. Amen.

Festpsalm
Psalm 104,1–5.10–15.27–30

Festlieder
Nun preiset alle Gottes Barmherzigkeit 380
Ich singe dir mit Herz und Mund 230

Der Tag ist seiner Höhe nah 351

16. Woche nach dem Dreieinigkeitsfest

»Der starke Trost«

Wochenspruch
Christus Jesus hat dem Tode die Macht genommen
und das Leben und ein unvergängliches Wesen
ans Licht gebracht durch das Evangelium.
2. Timotheus 1,10

Wochengebet
Jesus Christus – du Auferstandener!
Jeder Grabstein erinnert uns
an die Macht des Todes.
Krankheit und Leiden
lassen uns nicht vergessen,
daß wir alle sterben müssen.
Das will uns jede Hoffnung nehmen.

Du aber, Auferstandener, machst,
daß der Tod nicht das letzte Wort hat:
Seine endgültige Macht hast du ihm genommen.
Du erlaubst dem Tod nur dies,
daß er uns holt, um uns dir entgegenzuführen.

Du selber wartest auf uns:
Nicht dem Grab gehen wir entgegen,
sondern dem Leben, das nie vergeht.

Wir bitten dich in der Stille
für Sterbende und für Trauernde . . .

Lebendiger Christus!
Hilf, daß wir deine Stimme hören
und deinem Ruf folgen und leben. Amen.

Wochenpsalm
Psalm 68, 1–7.20.21 oder Psalm 118 in Auswahl

Wochenlieder
Was mein Gott will 280
O Tod, wo ist dein Stachel nun 87

Christ ist erstanden 75

17. Woche nach dem Dreieinigkeitsfest

»Sieghafter Glaube«

Wochenspruch
Unser Glaube ist der Sieg, der die Welt überwunden hat. 1. Johannes 5,4

Wochengebet
Jesus, du bist der Sieger,
wie könnten wir sonst leben?
Du besiegst Blindheit und Aussatz,
Schuld und Tod.
Du besiegst den Haß, hebst Feinschaft auf
und versöhnst die Sünder mit dem Vater.
Du schlägst nicht zurück,
sondern trägst die Schuld fort von uns.
So überwindest du die harten Regeln,
die in dieser Welt gelten.
Jesus, von deinem Sieg leben wir.

Aber ist *unser* Glaube der Sieg,
der die Welt überwunden hat?

Wie oft bleiben wir die Antwort schuldig!
Und warum?
Immer wieder trauen wir *uns* zu viel zu,
dir aber zu wenig.
Darum bitten wir dich, du Sieger:
Überwinde unseren Unglauben,
damit wir im Glauben uns dir ganz überlassen.

In der Stille beten wir für Menschen,
die es mit dem Glauben schwer haben . . .

Gemeinsam mit ihnen rufen wir zu dir:
Ich glaube – hilf meinem Unglauben! Amen.

Wochenpsalm Psalm 25, 1–15

Wochenlied
Such, wer da will 249

Ich steh in meines Herren Hand 306
Ich weiß, woran ich glaube 278
O Durchbrecher aller Bande 262
Du wirst dein herrlich Werk vollenden 216,9
Jesu, stärke deine Kinder 267,4

18. Woche nach dem Dreieinigkeitsfest

»Das vornehmste Gebot«

Wochenspruch
Dies Gebot haben wir von ihm,
daß, wer Gott liebt,
daß der auch seinen Bruder liebe.
1. Johannes 4,21

Wochengebet
Vater!
Deine Liebe umfängt uns wie ein wärmender Mantel.
Deine Liebe trägt uns wie eine starke Hand.
Deine Liebe macht, daß wir weiterleben können
trotz all unseres Versagens, trotz unserer Sünde.
Vater!
Deine Liebe wollen wir erwidern.
Wir wollen zu dir gehören.

Vater!
Du liebst aber auch die anderen:
Menschen, die anders denken und leben als wir.
Wir müssen bekennen:
Immer wieder fällt es uns schwer,
den Bruder, die Schwester neben uns
mit den Augen deiner Liebe zu sehen.
Es fällt uns schwer,
die zu ertragen, die anders sind als wir.
Herr, vergib uns!
Entzünde deine Liebe neu in uns.

Wir beten in der Stille für uns
und für die, die unter unserer Art leiden . . .

Vater!
Schließe uns zusammen durch die heilende Kraft
deiner Liebe.
Du tust es durch Christus, unseren Herrn. Amen.

Wochenpsalm Psalm 1

Wochenlieder
Herzlich lieb hab ich dich 247
In Gottes Namen fang ich an 385

Ein wahrer Glaube 246

19. Woche nach dem Dreieinigkeitsfest

»Heilung an Leib und Seele«

Wochenspruch
Heile du mich, Herr, so werde ich heil;
hilf du mir, so ist mir geholfen. Jeremia 17,14

Wochengebet
Herr!
Heil sein möchte jeder Mensch,
gesund sein, keine Schmerzen haben.
Jeder möchte heil sein und im Frieden leben.

Aber wir sehen so viel Un-Heil und Elend
unter den Menschen.
Wir wissen von Hunger, von Krankheit
und von Schmerzen.
Wir hören das Schreien derer, die Unrecht leiden.
So viele Menschen haben Mut und Hoffnung verloren.

Und da bin auch ich selber:
Oft bin ich innerlich zerrissen;
ich habe Angst vor denen, die mich verletzen;
und ich verletze andere.
So vieles ist gestört.
Was sollen wir tun?

Herr!
Wir wissen keinen Helfer außer dir.
Du, unser Heiland, kannst allein heilen
und Frieden schaffen.
Du mußt uns die Augen öffnen,
mußt uns die Hand führen,
daß wir helfen können.
Wir rufen zu dir:
Heile du mich, Herr, so werde ich heil;
hilf du mir, so ist mir geholfen. Amen.

Wochenpsalm
Psalm 32, 1–7. 10–11 oder Psalm 146

Wochenlied
Nun laßt uns Gott dem Herren 227

Sollt ich meinem Gott nicht singen 232

Woche des Kirchweih-Festes

»Das Haus Gottes«

Festspruch
Wie lieb sind mir deine Wohnungen,
Herr Zebaoth;
meine Seele verlangt und sehnt sich
nach den Vorhöfen des Herrn;
mein Leib und Seele freuen sich
in dem lebendigen Gott. Psalm 84,2.3

Wochengebet
Großer, unfaßbarer Gott!
In Ehrfurcht beten wir dich an.
Überwältigendes Wunder!
Du Unfaßbarer wirst klein
und willst unter uns wohnen in deiner Kirche.
Du Ewiger willst bei uns sein wie ein Mensch.
Nun dürfen wir zu dir kommen,
wie man nach Hause kommt.
Bei dir können wir leben und aufatmen.
Bei dir haben wir Frieden.
Bei dir ist Heimat für alle deine Kinder.
Bei dir finden sich die Getrennten zusammen.

In der Stille bringen wir vor dich die Menschen,
die mit uns in deinem Haus zusammenkommen . . .

Vater,
wir sind voller Verlangen nach dir.
Unser ganzes Wesen mit Seele und Leib
jauchzt dir entgegen
wie ein Kind seinem Vater.
Wir strecken uns aus nach dir.
Ergreife uns ganz
und vollende deine Kirche
durch Christus, unseren Retter. Amen.

Festpsalm Psalm 84

Festlieder
Preis, Lob und Dank sei Gott, dem Herren 206
Ich lobe dich von ganzer Seelen 214
Erhalt uns, Herr, bei deinem Wort 142
Du wirst dein herrlich Werk vollenden 216,9

Mürren 40 Min.
Gimmelwald 1 Std. 20 Min.
Stechelberg 2 Std. 30 Min.
Sefinenfurgge 4 Std. 40 Min.
Winteregg
1610 m
Grütschalp/Station 40 Min.
Isenfluh 1 Std. 50 Min.
Lauterbrunnen 1 Std. 10 Min.
Pletschenalp
Marchegg 50 Min.
Saustal 1 Std. 15 Min.
1 Std. 50 Min.
Wanderweg
Bergweg

20. Woche nach dem Dreieinigkeitsfest

»Die Ordnungen Gottes«

Wochenspruch
Es ist dir gesagt, Mensch, was gut ist
und was der Herr von dir fordert:
nämlich Gottes Wort halten und Liebe üben
und demütig sein vor deinem Gott. Micha 6,8

Wochengebet
Heiliger Gott!
Du sagst uns, was gut ist.
Durch deine Gebote zeigst du uns den Weg,
den wir gehen können.
Durch deinen Ruf suchst du Menschen,
die unter deinen Augen leben,
die dein Wort halten.

Wir erkennen, Herr:
Nur unter deinen Augen können wir Gutes tun.
Nur unter deinen Augen können wir Schritte gehen,
die zu dir führen; und diese Schritte
bringen uns auch anderen Menschen nah.

Vater, wir bitten dich:
Höre nicht auf, uns zu rufen.
Höre nicht auf, uns zu suchen.
Höre nicht auf, uns zu lieben,
denn deine Liebe allein macht uns fähig,
dem Menschen neben uns in Liebe zu begegnen.

Wir beten in der Stille für die,
die mit uns auf dem Wege sind:
Wir sehen sie vor deinen Augen . . .

Herr, dein Wille geschehe – auch durch uns.
Dazu helfe uns Christus,
dein gehorsamer Sohn. Amen.

Wochenpsalm Psalm 119, 101–109

Wochenlied
Wohl denen, die da wandeln 190

O Gott, du höchster Gnadenhort 143
Es ist gerecht vor Gott allein 242, 6.8
Das wünschen wir von Herzen all 36, 16.17
(Melodie: All Morgen 336)

21. Woche nach dem Dreieinigkeitsfest

»Die geistliche Waffenrüstung«

Wochenspruch
Laß dich nicht vom Bösen überwinden,
sondern überwinde das Böse mit Gutem.
Römer 12,21

Wochengebet
Du Gott aller Güte!
Gut und Böse liegen im Widerstreit in unserer Welt.
Darunter leiden wir.
Unter der Macht des Bösen leiden viele Menschen.

Aber auch in uns selber ist Streit:
Unsere Angst macht uns böse.
Und wenn wir böse sind, fügen wir anderen
Unrecht zu . . .

Ja Herr, so steht es um mich:
»Das Gute, das ich will, das tue ich nicht;
sondern das Böse, das ich nicht will, das tue ich.«

Wer hilft heraus?

Du, Gott aller Güte, hast deinen Sohn gesandt:
Er überwindet Böses mit Gutem.
Seine Liebe zerbricht den Bann der Vergeltung.
Jesus Christus macht uns frei.

In der Stille beten wir für uns und für die,
die mit dem Bösen ringen . . .

Herr, deine Liebe überwindet das Böse mit Gutem.
Deine Liebe verwandelt uns.
Dir sei Dank! Amen.

Wochenpsalm
Psalm 19,2–5.8–13
oder Christus-Hymnus aus Philipper 2

Wochenlieder
O König Jesu Christe 203
(gegf. Melodie bei 250: Ist Gott für mich)
Ach Gott, vom Himmel sieh darein 177

Zeuch an die Macht 223
In dich hab ich gehoffet 179

22. Woche nach dem Dreieinigkeitsfest

»In Gottes Schuld«

Wochenspruch
Bei dir ist die Vergebung,
daß man dich fürchte. Psalm 130,4

Wochengebet
Heiliger Gott!
Barmherzig und gnädig bist du;
wie ein Vater erbarmst du dich über den,
der in Schuld geraten ist:
Nicht mit Vergeltung zahlst du uns heim.
In deinen Armen finden wir Vergebung.
Wir liegen an deinem Herzen als deine Kinder.

Und an deinem Herzen öffnest du uns die Augen
für dein erstes Kind, für den Sohn,
der am Kreuz hängt;
du öffnest uns die Augen für uns selbst:
So unermeßlich schwer lastet unsere Schuld –
dem Sohn hast du sie aufgelegt.

In Ehrfurcht verstummen wir.
Und solche Furcht vor deinem Tun bewahre uns,
daß wir nicht oberflächlich leben;
die Furcht vor dir bewahre uns auch,
daß wir nicht verzweifeln,
wenn wir versagt haben.
Die Ehrfurcht vor deinem Tun
treibt uns in deine Arme.

Wir bringen in der Stille vor dich,
was uns an Schuld beschwert . . .

Vater, da sind wir.
Wir wissen nur eines:
Bei dir ist die Vergebung!
Dich beten wir an. Amen.

Wochenpsalm
Psalm 143, 1–10 oder Psalm 130

Wochenlied
Herr Jesu, Gnadensonne 258

Aus tiefer Not schrei ich zu dir 195
Mir ist Erbarmung widerfahren 277

Woche des Reformationsfestes

»Gnade und Glaube«

Festspruch
Einen anderen Grund kann niemand legen
als den, der gelegt ist,
welcher ist Jesus Christus. 1. Korinther 3,11

Wochengebet
Lebendiger Christus!
Wir blicken auf zu dir:
Du hältst alles in deinen starken Händen.
Und du bist zugleich Grund und Fundament;
du trägst alles.
Wir loben dich.

Lebendiger Herr,
befreie uns von der aufgeregten Sorge,
als ob wir die Welt tragen müßten,
als ob wir deine Kirche vor dem Wanken
bewahren könnten.
Der Grund ist gelegt:
Du starker Fels, du trägst alles.
In dir haben wir den festen Halt.
Wir bitten dich:
Bewahre unseren Willen,
daß wir nicht neben deinen tragenden Grund bauen.
Unser Leben braucht dich.
Deine Kirche braucht dich.
Mache uns bereit, bei dir zu bleiben,
auch wenn dein Kreuz unser Leben prägt.
Laß deine ganze Kirche bei dir bleiben,
du gekreuzigter und auferstandener Herr.

Wir beten in der Stille für alle,
die an deiner Kirche bauen . . .

Vollende du, was wir beginnen.
Ewig gehört dir alles Lob. Amen.

Festpsalm Psalm 46, 2–8

Festlieder
Nun freut euch 239
Ist Gott für mich 250

Ein feste Burg 201

GLEIS
ABFAHRT
3
VVS

DRITTLETZTE WOCHE IM KIRCHENJAHR

»Mitten unter uns«

Wochenspruch
Siehe, *jetzt* ist die Zeit der Gnade,
siehe, *jetzt* ist der Tag des Heils.
2. Korinther 6,2

Wochengebet
Herr, wir danken dir,
daß dieser Tag in deinem Licht steht,
daß *jetzt* die Zeit der Gnade ist.

Unsere Gedanken und Wünsche fliehen so gerne
aus der Gegenwart, die uns bedrängt,
in ein Wunschland.
Du aber willst uns hier begegnen;
mitten in unseren Aufgaben
willst du uns nahe bleiben.

Herr,
öffne uns die Augen für deinen Fingerzeig.
Mache uns aufmerksam
für deine Gegenwart heute und hier bei uns.
Dieser Tag bringt uns dein Heil.
Dieser Tag ist dein Tag,
selbst wenn wir heute
dir entfremdet werden durch das Vielerlei,
das um uns ist.
Dieser Tag ist und bleibt dennoch dein Tag.

Wir stellen unter deine Gegenwart die Menschen,
die uns besonders ans Herz gelegt sind;
Wir nennen sie in der Stille vor dir . . .

Herr, täglich bist du mit ihnen und mit uns auf dem Weg,
bis uns niemand mehr von dir trennen kann,
bis alles heil sein wird.
Wir freuen uns auf deinen großen Tag. Amen.

Wochenpsalm
Psalm 90, 1–14 oder Psalm 50

Wochenlieder
Wir warten dein, o Gottessohn 123
Mitten wir im Leben sind 309

Vorletzte Woche im Kirchenjahr

»Weltgericht«

Wochenspruch
Wir müssen alle offenbar werden
vor dem Richterstuhl Christi. 2. Korinther 5,10

Wochengebet
Großer Gott!
Du kennst uns kleine Menschen
bis auf den Grund unseres Wesens.
Nichts ist verborgen vor deinen Augen,
nichts ist vergessen:
Unsere Lasten kennst du
und den Kummer, der in uns ist.
Alles ist Gegenwart vor dir:
Unsere Taten haben Gewicht
und unsere Gedanken.
Denn du fragst nach allem,
was wir getan haben an Gutem wie an Bösem;
du weißt, was wir schuldig geblieben sind
an Liebe und an Gehorsam. Du weißt alles.
Wir erkennen:
Wenn du, Herr, Sünden zurechnen wolltest,
Herr, wer könnte vor dir bestehen?

O Jesus Christus, Heiland der Welt! Erbarme dich!
Vor deinen Augen laß uns leben,
vor dir reden, vor dir alles tun. –

Vor dich stellen wir auch die Menschen,
für die wir besondere Verantwortung tragen.
In der Stille beten wir für sie . . .

Herr, laß sie und uns mit dir leben,
du Auferstandener,
heute und morgen und immer. Amen.

Wochenpsalm
Psalm 50, 1–3.4–6.14–15.23
oder Psalm 130 oder Psalm 139

Wochenlied
Es ist gewißlich an der Zeit 120

Treib unsern Willen 347,8–10
Er kommt zum Weltgerichte 10,10

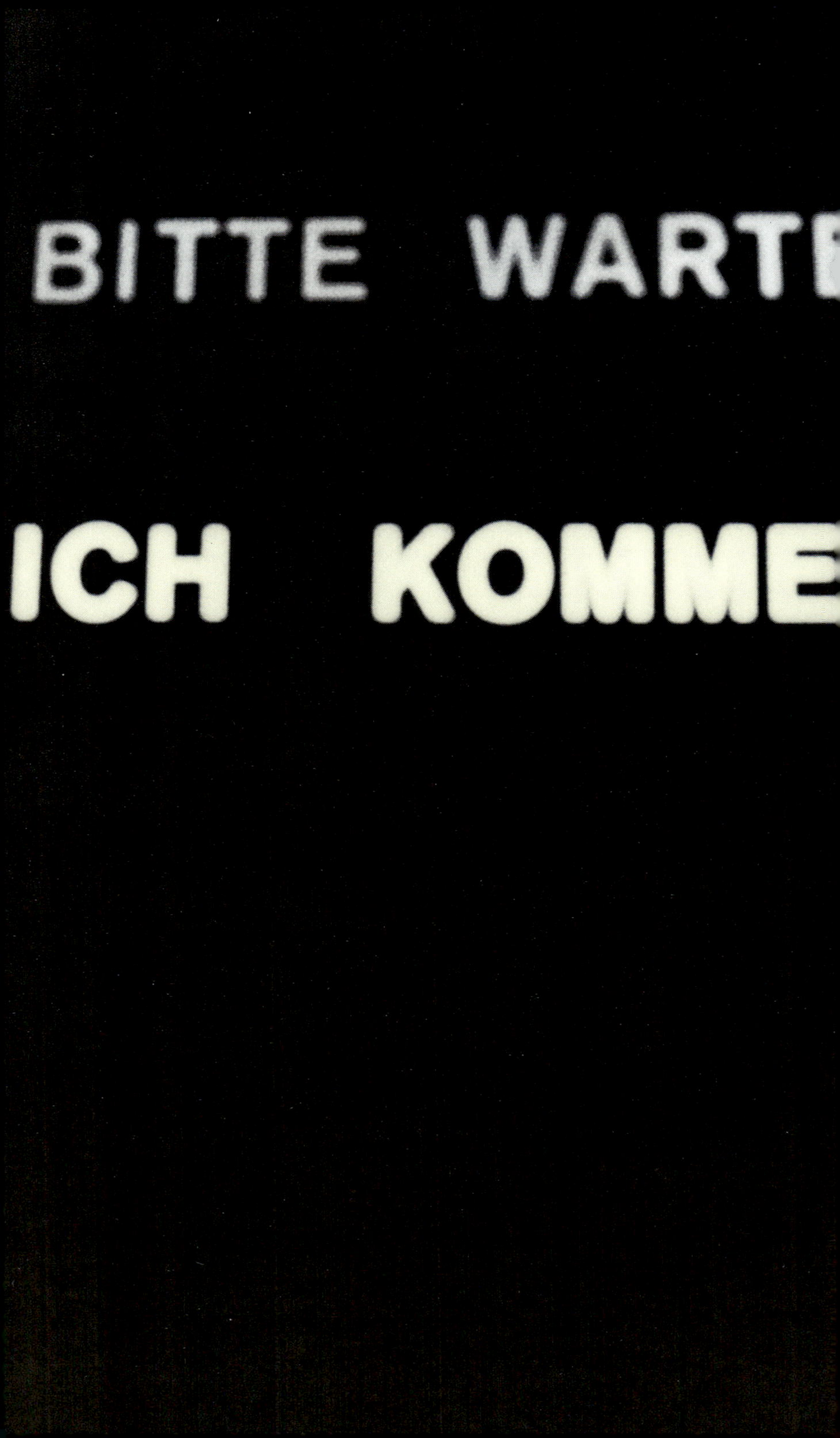
BITTE WARTE
ICH KOMME

Letzte Woche im Kirchenjahr
Ewigkeitssonntag

»Die ewige Stadt«

Wochenspruch
Christus spricht: Lasset eure Lenden umgürtet sein und eure Lichter brennen. Lukas 12,35

Wochengebet
Christus,
du Herr aller Zeiten und jeder Stunde:
Wir haben dein Wort, daß du kommst.
Du selber nimmst alles in die Hand,
alles, auch die vielen Fragen,
auf die wir keine Antwort haben.
Du kommst und machst allem Unheil ein Ende.

Herr,
dein Wille ist es,
daß wir dein Kommen nicht versäumen,
daß wir nicht an dir vorbeileben.

Du sprichst mit uns von den Lichtern,
die brennen müssen,
damit wir uns im Dunkel nicht stoßen,
damit wir uns nicht in Träume verlieren.
Unsere Lichter müssen brennen.

Und gürten willst du uns und binden.
Gerade so machst du uns frei,
daß wir gehen können,
den nächsten Schritt gehen und bis zum Ziel.
Wenn du uns gürtest und bindest,
dann können wir auch unbehindert tun,
was du von uns haben willst.

Wir beten in der Stille für die, die im Dunkel sind . . .

Christus, du bist das Licht;
erhalte unsere Lichter hell und bringe uns
und alle Menschen in dein Licht. Amen.

Wochenpsalm Psalm 126

Wochenlied
»Wachet auf«, ruft uns die Stimme 121

Ach Herr, durch deine Güte 311,9

ALS DIE ZEIT ERFÜLLT WAR,
SANDTE GOTT SEINEN SOHN

Die Lieder sind dem Evangelischen Kirchengesangbuch entnommen. Die Wochenlieder sind durch weitere Liedvorschläge ergänzt.

Refrain: Begleitstimme Elisabeth Stotz

2. Du gibst dich selbst in
Brot und Wein
und öffnest mir den Tag.
So willst du völlig in mir sein
bei aller Freud und Plag.

3. Ich freu mich auf dein Leiten,
du gehst uns selbst voraus
und führst durch diese Zeiten
uns Tag um Tag nach Haus.

Text und Melodie
Jesus-Bruderschaft Gnadenthal
aus Mosaik Sammelband

Text: Ignaz Franz
Melodie: Heinrich Bone
Begleitstimme:
Elisabeth Stotz

Alles, was dich preisen kann,
Cherubim und Seraphinen,
stimmen dir ein Loblied an;
alle Engel, die dir dienen,
rufen dir stets ohne Ruh:
Heilig, heilig, heilig! zu.

Herr, erbarm, erbarme dich!
Auf uns komme, Herr, dein Segen!
Deine Güte zeige sich
allen der Verheißung wegen!
Auf dich hoffen wir allein:
Laß uns nicht verloren sein!

Begleitstimme Elisabeth Stotz

Text und Melodie
Jesus-Bruderschaft Gnadenthal
aus Mosaik Sammelband

2. Du sahst unser Tun,
o Herr, du hast es erfüllt,
läßt uns in dir ruhn,
von deinem Segen umhüllt.
Herr, wir geben dir zurück
den ganzen Tag mit seinen Mühen.
Du allein bist unser Glück,
willst uns durch alles zu dir ziehen.

3. Nach des Tages Last
finden wir Ruhe in dir.
Du, Herr, schenkst uns Rast
und tiefen Frieden mit dir.
Du allein bist unser Ziel,
darum erheben wir die Hände:
Deine Gnade, deine Treu,
laß uns anbeten ohne Ende!

Bildnachweis

Titel	Albrecht Arnold
1. Woche im Advent	Albrecht Arnold
2. Woche im Advent	Walter Habdank »Noach«
3. Woche im Advent	Thomas Haydt
4. Woche im Advent	Klaus Lambertz
Woche des Christfestes	Albrecht Arnold
Jahreswechsel	R. P. Litzenburger »Abraham«
Woche des Erscheinungsfestes	Albrecht Arnold
1. Woche nach dem Erscheinungsfest	Hitda-Codex um 1020, »Taufe Jesu« Beuroner Kunstverlag
2. Woche nach dem Erscheinungsfest	Ernst Haag
3. Woche nach dem Erscheinungsfest	Erna Esken »Abendmahl« Foto Holder
4. Woche nach dem Erscheinungsfest	Albrecht Knoch
5. Woche nach dem Erscheinungsfest	Albrecht Arnold
Letzte Woche nach dem Erscheinungsfest	Christoph Knoch
Woche des Sonntags Septuagesimae	Christoph Knoch
Woche des Sonntags Sexagesimae	Albrecht Arnold
Woche des Sonntags Estomihi	Christoph Knoch
Woche des Sonntags Invocavit	Psalterium 13. Jahrhundert »Versuchung Christi – Einzug in Jerusalem« Beuroner Kunstverlag
Woche des Sonntags Reminiscere	Albrecht Arnold
Woche des Sonntags Oculi	Albrecht Arnold
Woche des Sonntags Laetare	Ernst Haag
Woche des Sonntags Judica	Ernst Haag
Karwoche	Albrecht Arnold
Woche des Osterfestes	Psalterium 13. Jahrhundert »Hinabgestiegen in das Reich des Todes – Halte mich nicht fest« Beuroner Kunstverlag
Woche des Sonntags Quasimodogeniti	Robert Eberwein »Jona«
Woche des Sonntags Misericordias Domini	Albrecht Arnold
Woche des Sonntags Jubilate	Albrecht Arnold
Woche des Sonntags Kantate	Albrecht Arnold
Woche des Sonntags Rogate	Ernst Kirschner

Vom Himmelfahrtsfest an und in der Woche nach Exaudi	Psalterium 13. Jahrhundert »Himmelfahrt – Ausgießung des Heiligen Geistes« Beuroner Kunstverlag
Woche des Pfingstfestes	Albrecht Arnold
Woche des Dreieinigkeitsfestes	Andreas Felger »Stiftsengel«
1. Woche nach dem Dreieinigkeitsfest	Albrecht Arnold
2. Woche nach dem Dreieinigkeitsfest	Albrecht Arnold
3. Woche nach dem Dreieinigkeitsfest	K. Thylmann
4. Woche nach dem Dreieinigkeitsfest	Walter Habdank »Simon von Kyrene«
5. Woche nach dem Dreieinigkeitsfest	R. P. Litzenburger »Herr hilf, ich ertrinke«
6. Woche nach dem Dreieinigkeitsfest	Albrecht Arnold
7. Woche nach dem Dreieinigkeitsfest	Ernst Kirschner
8. Woche nach dem Dreieinigkeitsfest	Albrecht Arnold
9. Woche nach dem Dreieinigkeitsfest	Lied »Herr, gib du uns Augen«
10. Woche nach dem Dreieinigkeitsfest	Hans Mäule
11. Woche nach dem Dreieinigkeitsfest	Ernst Haag
12. Woche nach dem Dreieinigkeitsfest	Ernst Kirschner
13. Woche nach dem Dreieinigkeitsfest	Albrecht Arnold
14. Woche nach dem Dreieinigkeitsfest	Albrecht Arnold
15. Woche nach dem Dreieinigkeitsfest	Albrecht Arnold
Woche des Erntedankfestes	Brot für die Welt
16. Woche nach dem Dreieinigkeitsfest	Albrecht Arnold
17. Woche nach dem Dreieinigkeitsfest	Albrecht Arnold
18. Woche nach dem Dreieinigkeitsfest	Karl Hemmeter »Altarkreuz – Gustav-Werner-Kirche Stuttgart-Feuerbach«
19. Woche nach dem Dreieinigkeitsfest	Walter Habdank »Blindenheilung«
Woche des Kirchweih-Festes	Ernst Kirschner
20. Woche nach dem Dreieinigkeitsfest	Erich Stotz
21. Woche nach dem Dreieinigkeitsfest	dpa-Bild
22. Woche nach dem Dreieinigkeitsfest	Rembrandt 1636 »Der verlorene Sohn«
Woche des Reformationsfestes	Ernst Haag
Drittletzte Woche im Kirchenjahr	Albrecht Arnold
Vorletzte Woche im Kirchenjahr	Albrecht Knoch
Letzte Woche im Kirchenjahr	
Ewigkeitssonntag	Albrecht Arnold

ICH BIN DAS A UND DAS O,
DER ANFANG UND DAS ENDE,
SPRICHT GOTT DER HERR,
DER DA IST UND DER DA WAR
UND DER DA KOMMT,
DER ALLMÄCHTIGE.

»Herr, unser Gott!
Laß uns vor dir stehen
mitten im Tagwerk.
Richte uns aus,
daß wir suchen das Eine,
daß wir tun, was nötig ist:
Laß uns wandeln vor deinen Augen.«

Unter diesem Leitwort aus dem Berneuchener Stundengebet zum Mittag sammeln sich Christen an vielen Orten; auf der Höhe des Tages halten sie betend eine Atempause. Auch in Stift Urach geschieht dies so, verbunden mit dem Hören auf den jeweiligen Wochenspruch. Daraus sind Gebete entstanden.

Wir wissen, daß es beinahe vermessen ist, gebetete Worte schwarz auf weiß festzuhalten. Als aber der Gedanke auftauchte, diese Texte mit Bildern zu verbinden und daraus eine Dankesgabe zu machen, konnten wir gerne zustimmen.

So geben wir nun weiter, was uns zugewachsen ist; wir geben es weiter in aller Unvollkommenheit, die solchen Vorhaben anhaftet.

Unser Wunsch:
Möge diese Sammlung Menschen helfen,
»vor Gott zu stehen mitten im Tagwerk«,
um dabei eine Atempause zu finden und neue
Ausrichtung auf das Eine, Notwendige,
zu wandeln und zu handeln vor Gottes Augen.

Stift Urach, im Advent 1984

Werner Knoch

ZEHN JAHRE GW

Die Grafische Werkstätte ist ein kleines Glied in der Reihe der Einrichtungen der Gustav Werner Stiftung zum Bruderhaus.

Vorstand und Stiftungsrat haben es ermöglicht, daß durch die Initiative des Freundevereins eine arbeits- und beschäftigungstherapeutische Gruppe entstehen konnte, die in besonderen Notsituationen helfend eintritt.

In dieser Werkstatt fertigen wir Drucksachen für den ganzen Bereich des Bruderhauses. Kirche, Kirchengemeinden, Jugendwerke, Gemeinschaftsverbände und Diakonie übertragen uns auch anspruchsvolle Druckaufträge.

Daß wir mit Menschen, denen die Kraft zum eigenen Fortkommen fehlt, ein gutes Ergebnis erreichen, macht uns froh.

Wir sind dankbar, daß wir bis heute Aufträge, Mittel, Geduld, Liebe und Kraft für diese Aufgabe bekommen. So ist es möglich, einzelnen Menschen – zuhause in ihren Gemeinden oder bei uns in der Werkstatt – wieder ein kleines Hoffnungslicht auf ihren Weg zu geben. Manchmal muß die Hilfe sehr schnell geschehen: ‚Sie könnten sonst darüber sterben', sagt Vater Bodelschwingh.

*Über alle praktischen, äußeren Hilfen hinaus soll unsere Werkstätte eine Herberge sein,
eine Herberge, in der Menschen erfahren können,
wo der Weg zur Heimat ist.*

*Professor Dr. Theodor Schober, der langjährige Präsident des Diakonischen Werkes der Evangelischen Kirche in Deutschland, hat uns dies als Vermächtnis hinterlassen. Wir wollen dieser Aufgabe gerecht werden, eingebettet ins große Werk Gustav Werners
und in dankbarer Verbundenheit mit den Freunden der Gustav Wernerschen Anstalten.*

*Für alles Begleiten danken wir.
Daß Sie auch weiter mit uns auf dem Wege bleiben, darum bitten wir.*

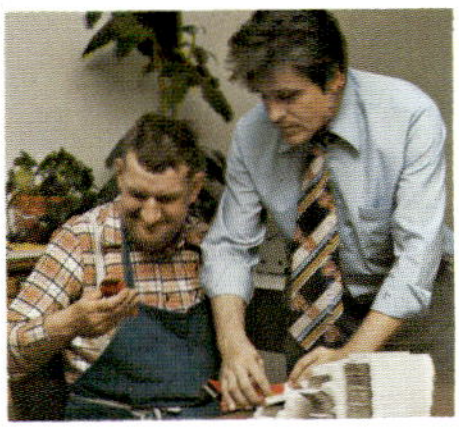

*Erich Stotz
und alle Mitarbeiter der Grafischen Werkstätte*